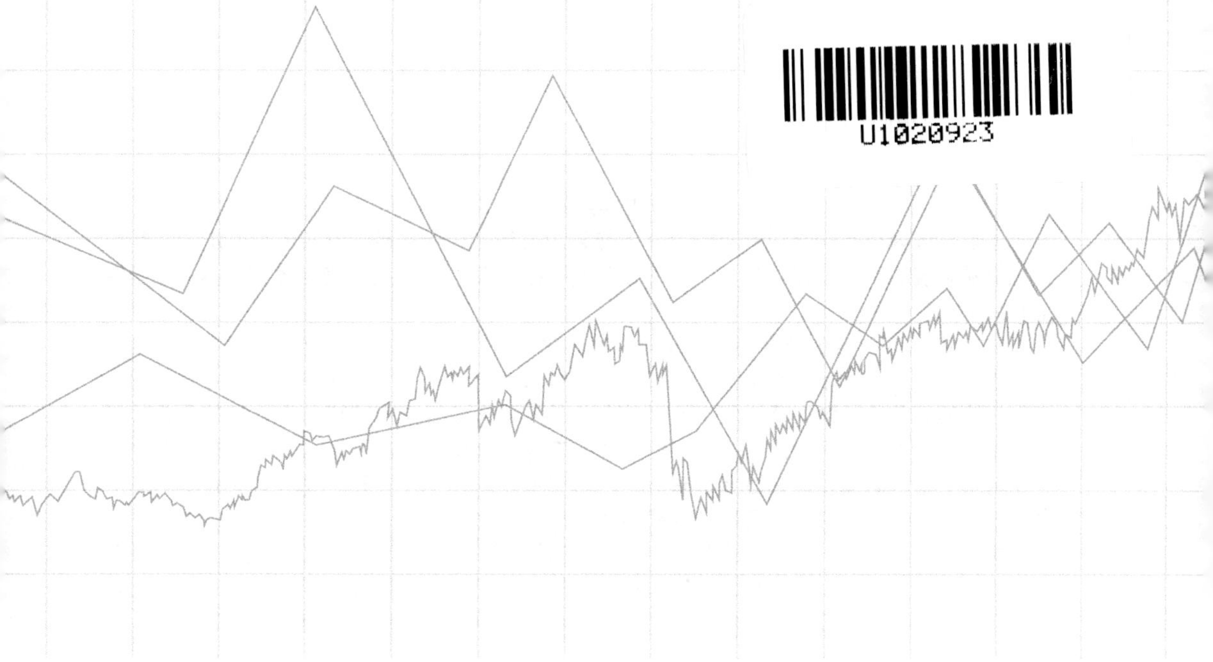

K均交易法

股票期货只看K线均线做到稳定盈利

笑傲茶湖段 著

電子工業出版社
Publishing House of Electronics Industry
北京•BEIJING

内容简介

本书是国内少有的系统性介绍机械化交易的书籍，作者把极度复杂的盘面走势归纳成自己交易系统的十几种完全分类，真正做到了只看 K 线、均线就能稳定盈利，本书系统性地介绍了这个通用的交易方法。

本书共 8 章，第 1 章介绍了系统化、机械化交易的基础知识并引申出了概率优势这个核心点；第 2 章介绍了价格的波动规律，通过对 K 线走势的归纳论证，运用图表详细说明波动规律的有效性；第 3 章介绍了 K 均交易法的实现方法与操作技巧；第 4 章介绍了 K 均交易法的有效性，并列举出读者学习的步骤；第 5 章介绍了成功交易的心法；第 6 章介绍了交易中劣根性的魔力，通过认知缺点，达到控制心魔的目的；第 7 章介绍了投资心态对我们的影响；第 8 章对资金管理和均线画法进行了再说明。

本书操作性很强，作者通过思想、理念、方法、心态、执行、结果这个链条，系统地分享了自己的成长经历和交易方法，希望用自己的经验和教训，给读者一些启迪和帮助。无论读者有无投资经历，都能从书中获得启迪，新手学的是方法，老手学的是思想和理念。

图书在版编目（CIP）数据

K 均交易法：股票期货只看 K 线均线做到稳定盈利 /笑傲茶湖段著. —北京：电子工业出版社，2017.8（2025.12重印）

ISBN 978-7-121-31560-2

Ⅰ. ①K… Ⅱ. ①笑… Ⅲ. ①股票交易②期货交易 Ⅳ. ①F830.91②F830.93

中国版本图书馆 CIP 数据核字（2017）第 108324 号

责任编辑：刘　伟
印　　刷：北京盛通数码印刷有限公司
装　　订：北京盛通数码印刷有限公司
出版发行：电子工业出版社
　　　　　北京市海淀区万寿路 173 信箱　　　邮编 100036
开　　本：720×1000　1/16　印张：13.5　字数：230 千字
版　　次：2017 年 8 月第 1 版
印　　次：2025 年 12 月第 26 次印刷
定　　价：49.80 元

凡所购买电子工业出版社图书有缺损问题，请向购买书店调换。若书店售缺，请与本社发行部联系，联系及邮购电话：（010）88254888，88258888。

质量投诉请发邮件至 zlts@phei.com.cn，盗版侵权举报请发邮件至 dbqq@phei.com.cn。

本书咨询联系方式：010-51260888-819，faq@phei.com.cn。

前 言

只看 K 线、均线就能稳定盈利吗？能，你唯一要做的就是让价格告诉你该怎么做。

股票、期货、外汇等所有带 K 线图的品种，交易方法基本相同。本书介绍的正是这种通用的交易方法，即只看 K 线图就可以做到长期稳定盈利。我近 9 年的交易经历早已证明此方法的有效性。因为精力和时间有限，本人只做股票和期货，因此谈论此方法就用“交易”二字代替股票、期货和外汇等，就算提到股票或期货，读者也应该明白，这里说的是通用性的“交易”，而不是针对某个品种。

自有交易市场以来，很多人都在争论市场能否被预测。一部分人认为市场的波动是杂乱无章的，未来绝对是不可知的；另一部分人认为市场的波动是可以预测的，未来是可以计算出来的。但大家是否想过，在可知与不可知之间还有一种状态，那就是市场的未来虽然不可知，却具有概率上的规律。

我可以肯定地说，市场绝对不是杂乱无章的，同时也并不具有绝对规律。这个概率性的规律如果用好，足以让人稳定盈利，因为我和很多国内外的前辈一样，都已做到并验证。信与不信，完全看读者自己的悟性。

这里我仅仅把自己的心得体会写出来，有缘人得之。书写的同时也是对我思路的整理与总结。

适合读者

我非常珍惜时间，所以也不希望浪费读者的时间。因此为免耽误你的宝贵时间，请先看看你属于下面的哪一类交易者。

- 第一类：刚刚接触市场，连 K 线、均线都不太懂，几乎可以说只知道红涨绿跌，我把这类人叫作“一张白纸的新人”。
- 第二类：接触了市场一段时间，东看西看地学了不少所谓知识，懵懵懂懂地赔了一些钱，我把这类人叫作“初级受害者”。
- 第三类：接触了市场很长时间，看过多本“武功秘笈”，研究了多种指标和方法，越赔钱越不甘心，虽然被折磨得很惨，但还在坚持所谓的努力，这类人中毒太深，我称其为“重度受害者”。
- 第四类：这类人已经走到了稳定盈利的行列，不是他们智商有多高，更不是他们人脉有多广，获得了不为人知的内幕消息，而是他们都经历过上面三个层次，只不过第四类人悟性极高，能迅速从“陷阱”中走出来。他们知道世界上确实存在稳定盈利的方法，而且这个方法并不难掌握，难的是“不折不扣地执行”，因为人性本身的“贪嗔痴慢疑”会阻止你执行，更会牵引着你怀疑自己、怀疑方法、怀疑市场。第四类人悟透了这一切，所以他们平时的主要任务就是“关照自己的内心世界”，参透“贪嗔痴慢疑”并与之和平共处。我把这类人叫作“稳定盈利者”。

最适合阅读本书的人，就是第一类“一张白纸的新人”，因为他们未被污染，还保持着一颗“客观的心”，涨了就是涨了，跌了就是跌了，看到价格的涨跌敢于相信是最高贵的品质。这类人是一张白纸，我把自己稳定盈利的方法写在白纸上，能不能学会，关键看此类人能不能重视我的思想理念。

第二类人是稍微适合阅读本书的。因为相比第三类人，第二类人中毒还不是太深，有挽救的机会，最起码有悬崖勒马的机会。关键是阅读本书的时候，能不能深刻反思自己之前学的那些所谓知识。

第三类人就不用阅读本书了，中毒太深。如果非要阅读，建议彻底清空自己的大脑，保持一个心平气和的状态才能开始，否则不会有任何效果。

第四类人也可以不用阅读。天下所有能稳定盈利的人，所掌握的内容都是相通的，至少从思想理念上是相通的。稍微翻翻也可以，因为我也经常翻看能稳定盈利的前辈所写的内容，经常能有所启发，会心一笑。

成功投资的前提是走在正道上

有时候想写一点系统性的东西，却静不下心，自有无尽烦恼，而当茶余饭后或者不经意的一瞬间，又迸发出一些引发自己书写的灵感。我想写的就是关于什么是投资正道的话题。世界上哪有什么“投资”啊，分明全是“投机”。貌似一说投机，大家就认为是不务正业，只有投资才是高尚的。其实，哪有什么资可投，可以投的机则遍地都是。“投资”二字不过是骗人的把戏，用所谓“价值”来掩饰内心的恐惧。不是为了赚差价，谁会炒股？交易者，绝对不要自己骗自己。

成功的前提是必须走在正道上，就像武功，必须学习正宗的心法才能登峰造极，任何邪派功夫，最后只能走火入魔。就交易来说，绝大部分人的结果是亏钱，在这个结果之前，还有一个过程：信息—思考判断—行动—亏损。亏了，是因为我们做错了；做错了，是因为我们想错了；想错了，是因为我们的信息错了。所以，亏损的源头是信息，也就是信息错误才是我们亏损的真正原因。现在，许多人对盘中进行直播，为什么要直播呢？因为看不清楚和说不明白，希望在更短的时间里能说对。比如一小时要发生什么不知道，就拿半小时说，半小时说不清楚，就拿几分钟来说，即便这样，也是说对的时候少，而这些信息对于交易者来说，足以误入歧途了。

我们能接触到的信息就是主流的投资信息，也就是市场大部分的声音，而在交易中，我们真正需要的信息，是看不到和听不到的。所以，我们能看到的信息其实是廉价、无用的，说得难听点，我们每天研究的信息就是一堆垃圾，而我们每天在垃圾堆里翻找东西，时间一长，我们也会被污染。我们根据垃圾堆里找出来的东西判断交易，亏钱也就很正常了。

所以，交易成功的前提是要抛弃这些垃圾信息，找到真正的正道，让自己走在这个正道上，这样我们想不成功也难。

本书要点

本书主要介绍以下几个要点：

- 作为实战型交易者，我们应该只相信价格（K 线），因为人只有用钱投票时才是认真的，任何品种的涨跌又都是所有交易者用钱投出来的。价格之外的其他信息，都是分析师们喜欢的，他们喜欢分析涨跌背后的原因，喜欢预测下一步，而这恰恰是亏钱的根源。试想，如果分析师能稳定盈利，又何必靠写文章领工资呢？这个问题说明了一切。
- K 线波动的规律，也就是 K 线的走法，然后根据这个走法，我介绍了三种能稳定盈利的方法，第三种最为厉害。能不能掌握此方法，一是看读者的悟性，二是看读者能否完全执行。
- 交易心法。没有心法的守护，任何交易者都走不长久。心法是把方法内化于心的产物，又是初学者了解体会方法的绝佳途径。

- 交易者需要控制自己的心魔，因为前进的道路上有许多陷阱，稍不注意，立刻被打回原形，这样的例子不是太少而是太多。交易就是一场修行，在退出市场之前没有人敢说自己修成了正果。

我平时看盘的时候，有点感悟就写在笔记本上或记在手机上。在看书或者浏览网页的时候，有了灵感、共鸣或一些好的思路和想法就会记下来。这本书就是我这几年感悟的总结。在此对一些国内外的作者、前辈表示深深的敬意，是他们的文字激发了我的思考，感谢我的家人和朋友们，是你们的支持给了我无穷的动力。我从"一张白纸的新人"成长为"稳定盈利者"，所有的陷阱都碰到过，好在我悟性还算可以，这个过程只用了不到两年。此时此刻，回想起来，那时的沮丧、欢喜都还历历在目……

下面就让我慢慢把这个正道写出来吧！

笑傲茶湖段

2017 年 5 月

轻松注册成为博文视点社区用户（www.broadview.com.cn），扫码直达本书页面。

- **下载资源**：本书如提供示例代码及资源文件，均可在 下载资源 处下载。
- **提交勘误**：您对书中内容的修改意见可在 提交勘误 处提交，若被采纳，将获赠博文视点社区积分（在您购买电子书时，积分可用来抵扣相应金额）。
- **交流互动**：在页面下方 读者评论 处留下您的疑问或观点，与我们和其他读者一同学习交流。

页面入口：*http://www.broadview.com.cn/31560*

目录

Contents

第 1 章

交易中的悟性启蒙

股市交易和做其他事情一样，都需要一定的悟性才能更快速地到达目的地。本章从多个角度来说明要想成为成功交易者需要迈过的三条河，并告诉大家分析预测为什么不靠谱。

1.1 有大成的交易者必须迈过三条河

稳定亏损和稳定盈利之间有三条河，所有交易者必须通过自我救赎才能迈过去，别人无能为力。

刚开始接触交易的人，大多认为自己只是缺少“方法”，然后开始学习各种指标、技术，还有人参加各种培训班。用的时候发现各种方法之间互相打架，有的指示做多，有的指示做空，自己被搞得晕头转向。

到底哪个好？又应该用哪个？

开始反思才知道每种方法背后都有相应的理念作为支撑，不掌握理念无异于买椟还珠。

要学习各种理念，就来到了第一条河面前。

1.1.1 悟性之河

第一条河横在“认知”和“理念”之间，叫作“悟性之河”。

能接受怎样的理念，取决于一个人的悟性。悟性好像是天生的，又好像取决于一个人从出生到此时此刻的所有人生经历。

什么叫悟性？这个真不容易说清楚。人按悟性分类，大致可以分为真正的智者、伪智者（大部分是小聪明者）和大众。真正的智者少之又少，所以大众平时遇到的大多是伪智者，他们的话用大众的耳朵听起来总是那么有道理，这就是为什么历史上所谓的真理大多数是通过“以讹传讹”的路径来传递的。

悟性高的人完全可以从前人的几种理念里选出一种符合行情客观走势的理念。那么问题来了，什么是客观？名人、权威人士说的话都是客观的吗？大多数人都相信的东西是客观的吗？其实，人只相信自己愿意相信的东西。

怎样选择理念？哪种理念是客观的？比如，我觉得波浪、江恩在胡说八道，有人却当成宝贝；有人觉得均线包罗万象已经足够，有人却不相信均线而用趋势线；有人早就抛弃了各种 MACD、KDJ 等指标，有人却刚刚学会使用。这完全是认知和悟性问题。

有了理念，再通过统计、实践、琢磨，就可以设计出合理的规则，即通常所说的交易系统。

走在第一条河的索道上，可以清晰地看到下面的累累白骨，大约有 50%的交易者“葬身”于此。

能过第一条河的人，算是比较有悟性的人。

1.1.2 心魔之河

第二条河横在“规则”和“执行”之间，叫作“心魔之河”。

有了规则，不代表能执行。就比如人人都知道吸烟有害健康，但是有人照常吸烟。交易说起来很简单，两页纸就可以说得明明白白，难的是执行，即明白了之后如何在实战中按明白的东西去做。虽然有一些人很明白，但还是做不到。

什么是规则？规则就是操盘交易各种有价证券的行为准则。我只信规则，即交易系统，不信别的，不管别人怎么说，我都不信。简单概括就是“怎样就怎样，不怎样就不怎样”，或者说“如果……就……”。

举个例子，你读小学三年级的时候，在放学回家的路上想着回家玩电子游戏机，但是妈妈在家的话不同意你玩，怎么办？你心里想：①如果妈妈在家，我就不玩游戏机；②如果妈妈不在家，我就玩游戏机。简单吗？可是这么简单的问题，大多数人做不到。换算一下：①如果价格不跌到 10 元，我就不动；②如果价格跌到 10 元，我就清仓。是不是很简单？一切都在遵循规则。

在交易中按规则执行，难点有两个：

（1）价格是动态变化的，上上下下，如何确定价格走势的这个“怎样”。

（2）是否能长期坚持。

为什么有了规则，还不一定能执行？这是一个哲学问题，也是一个心理问题。

我们先思考一个问题：怎样控制一个人的行为，才能让他遵守纪律？

我认为有三种办法。

第一种，武力控制。不遵守就给予武力惩罚。这种效果非常好，对应第一类纪律。第一类纪律指在外力强迫、被逼无奈时才遵守。比如机构的操盘手不遵守纪律会被解雇，拿不到工资；或被人威胁，只能听话照做。

第二种，心理控制。通过严密的逻辑论证，让人相信，而且是发自内心地相信，对应第二类纪律。第二类纪律指自己发自内心地遵守，不然不敢交易。

显而易见，第一种办法不可取，因为我们不可能用武力对待自己。所以，只能用第二种办法来控制自己。本书也是用逻辑论证的方式在讲述交易的真谛。

第三种，自己和自己约定。大多数通过了第一条河的交易者用了第三种办法，这种办法对应第三类纪律。第三类纪律指自己强迫自己遵守，自己和自己约定必须遵守。

人是不可信的，连自己都不可信！你相信这句话吗？

有人说：“人，无所谓忠诚，忠诚是因为背叛的筹码太低；人也无所谓正派，正派是因为受到的诱惑不够。”

行情时时刻刻都在诱惑着你。如果此时此刻放弃规则的话，马上就能多赚一些，或者少亏一些。或许你开始了心理斗争，到底还要不要遵守规则？要不就违反一次吧，以后再遵守？此时，如果你还有一丁点心理斗争的话，说明你还没有完成对自己的“心理控制”。

第二条河的主要工作就是“通过严密的逻辑论证，实现控制自己心理的效果”。我是通过自己悟出来的一句话才做到对自己心理的控制：行情走势的规律可知，但是过程和细节不可知，你只能依靠具有概率优势的规则。

方法只占 10%，理念占 45%，心理控制占 45%。有了方法、理念，解决不了心理控制，你才掌握了 55%，还是不及格。

走在第二条河的索道上，也能看到下面累累白骨，过了第一条河的 50%的幸存者中会有 90%的人“葬身”于此。

过了这两条关键的河，你会发现眼前一切都那么“平静、安详”。交易本来就应该是这样的。会炒菜的人，就应该会做交易，这本身就是一个火候问题，没想象的那么复杂。

1.1.3 知行之河

第三条河横在“当下”和“未来”之间，叫作“知行之河”。

这时，你更加坚定地认为只有无思考交易策略，才能赚到钱又不伤害到自己。使用策略时，高手和低手的区别仅仅是“对于高低点的把握”，这个把握没有绝对的标准，根据自己的情况来制定的就是标准。但在现实中，高手和低手的差别很大，差在了“无思考的程度”上！

1.2 为什么不能分析预测

为何不能分析预测？因为你把钱扔进去之后，就无能为力了，就算你宏观和微观分析再厉害，只要你没有无限的资本去干预价格走势，你的命运就掌握在除你之外的其他交易者手里，他们的进进出出影响着价格的波动，他们的合力决定着你的命运。就算出一个利好，他们觉得不够好，你也没有办法，即使出一个利空，他们觉得好，那就是好，你就能赚到钱（对于做多来说）。

很多人看基本面，也有人看 PE、财报、盈利模式，甚至去参观公司，试用他家产品，这都是为自己的分析做准备。每个人的分析过程不同，那么分析后呢，总会得出一个结论，是看多还是看空？如果是看多，你敢买入吗？它一定会涨吗？何时涨？你能等多久？所以，不管怎么分析，都是 50%的概率，要么涨，要么跌。

那么分析还有什么价值可言！其实对于很多人来说分析只是用来壮胆的。基金、私募也不例外，亏损破平仓线的人也不少。

线性思维害死人。涨了找原因，跌了找原因，哪儿有什么原因啊，唯一的原因就是，资金是有成本的，资金需要回报率，需要养活一大帮人，需要赚钱，所以价格必须有波动，有波动才有差价，才有利润率，就能养活这些人。

什么是短线，什么是长线？该如何划分短线长线？很多人一开口就说自己做长线，也有人说自己一直做短线。长短不是哪个人决定的，而是行情决定的，这一点要非常明确。对于股票来说，如果价格一直涨，就一直拿着，拿到不涨了并且跌破位就卖。这个时间长度是不确定的，有可能半天，有可能半年，取决于行情怎么走。价格走坏了还坚持做长线，那不是骗自己吗？如果价格走坏了，你卖了之后它又走到可以买的位置了怎么办？岂不是赔了差价，又损失了手续费？破位卖了之后又走到可以买的位置，再买回来即可。一切在当下。当时符合卖的状况，就必须卖，即使之后它又可以买了也不构成不卖的理由。所谓“被套”就是这么发生的，“踏空”也是这么发生的：涨了不信，跌了也不信，死扛！

价格消融一切，就算发生白天鹅、黑天鹅，也都会反映到涨跌里形成价格，你看到的那个最新价格就是当下。看到之后，大脑才能开始反应，等反应过来刚才的那个当下就成了过去。既然当下是转瞬即逝的，又不能分析，也不能预测，那怎么做出买卖决策呢？其实，很多人都不知道的一点是：有些当下是包含未来的。你只有用能包含未来的那个当下作为买卖依据，才能从容进出。所谓的未来，就是其他所有人的预期，包含未来就是包含了其他所有人的预期。究竟哪个当下是包含未来的呢？后面第3章会具体讲述，这是操盘的核心秘诀。

分析存在陷阱。基本面方面的分析有很明显的陷阱，技术分析是不明显的陷阱。面对不明显的陷阱更容易中招。比如，有人用各种指标、理论去操盘，美其名曰“技术分析”，这一类人也鄙视基本面分析。其实他们和基本面派一样，都是分析完决定看多看空，甚至有人说偏多偏空，然后又回到预测的老路。

比如，MACD 金叉对于同一个交易者来说，有时看多抢反弹，有时觉得还没跌干净，需要再等等。这种技术分析就和算命先生一样，不同的人摇出同一个签，看人说话，瞎编乱造。这个害人的理论就是：凡事皆可解释。真正的技术分析是出现了同一个信号，你的行为必须一致！就算感觉再不可靠，也得听价格信号的，多就是多，空就是空。因为人的感觉比信号更不可靠。

再比如，经常看到一些媒体叫喊天量、地量、缩量、放量等词，常常无奈地笑。我想知道，所谓天量是多少？和什么比较？标准是什么？这都是凭感觉主观臆断，要不就是为了显示自己高深莫测，其实自己都不相信。谁规定上涨突破必须放量？多少叫作放量？有比例吗？这都是似是而非的东西。说这些，是为了说明一点：人的感觉是不可靠的！当然，可能会猜对几次，但就是这几次会让自己跌入万丈深渊。

再比如，千人千浪，千人千缠，都是凭自己的感觉去看待价格波动。应该在实盘之前就制订一个交易策略，即交易系统或者叫交易规则。这个规则是自己交易行为的根本，别的都不能信，只能信这个，否则必定吃亏！本书的初衷就是要介绍一种可以稳定盈利的交易规则。

再比如，有缺口必回补吗？不用我说，自然有人会说，有些缺口至今没有回补。那是为何呢？举个简单的例子：很多人都走过京沪高速，从北京到上海的路面总面积你确定 100%都被轮胎轧过吗？不一定，肯定有死角一次都没被轧过；有很多面积只轧过一两次；有很多面积被重复轧过无数次。这本身就是概率问题，马路中间的路面被轧的概率大很多，两边的特别是靠近护栏的，被轧的概率小很多。这就类似于“缺口”，回补或者不回补，不会影响价格的走法。所以根本不用考虑缺口问题。

交易说到底还是概率问题。怎么获得概率优势呢？首先就是保证自己的行为一致。不管上一单对了还是错了，这一单还是要执行原来的标准。只有长期执行同一标准，才有概率显现。有概率优势是一回事，而让概率优势显现才能赚到钱。

有的人没有悟性，无法做出具有概率优势的规则；有的人没有忠诚的性格，即便做出了具有概率优势的规则，也执行不了，尽管自己也知道必须执行，但到了该执行的时候，开始耍小聪明。很多交易者死于这两种类型。投资者可以考虑一下自己是否也是这样的人。

说点题外话，谈谈执行交易时关于砍仓的事。我也不是神，也有止损的时候，当期货杠杆大、手数多时，按 100 手股指和止损一次 100 点算，砍一次，可能损失 300 万元，但是执行时眼都不能眨一下。不能前怕狼后怕虎，到位了该砍就得砍。砍完还得进，不然就白砍了。进去又该砍了，还是得砍，不然没命活下去。那种“缠缠绵绵到天涯”的性格不合适做这些。之后我专门做商品期货，七成仓位，不管做什么，都是七成，每个人不一样，根据自己的心理承受能力来决定即可，后面也会细说资金管理。

再多说一点，抵抗力差的人尽量别看新闻，别看分析师的文章，因为分析师甚至从不参与交易。记住，所有人（包括我）说的话都是自己的观点，真假和你没有关系。

1.3 人的大脑是如何运作的

前面的内容是帮助读者厘清头绪的。

在不懂之前，就不要炒股。不懂就是去送钱，何必呢！怎么算懂？心里彻底排斥分析预测就是懂了，直到视而不见才是真正懂了。

清楚为何会赔钱，就离赚钱不远了。

我说一说为何“人与生俱来就有亏损天赋”。这要从“反身性”说起，反身性理论是乔治・索罗斯建立的。

证券交易属于社会科学，而自然科学是针对自然界规律的描述。自然规律是客观存在的，无论人们如何认识自然规律，自然规律本身都不会改变。而社会科学领域，人既是规律的研究者，也是规律的创造者，人们会用他们发现的规律来指导自己的行为，从而使得规律会有所变化。换言之，自然科学中的规律是稳定的，不会因为人们对规律的认识而发生改变。社会科学中的规律相对不稳定，因为它会随着人们对它的认识而发生变化。

我认为这段话的描述揭示的心理学、哲学思想几乎达到了最高的层级！之所以说几乎，是因为目前还没有人能知道人类文明的终极会演变成什么样子。

所有的社会科学都可以用一句禅语来描述“言语道断，心行处灭”。

引用一个数学上的函数观点。社会科学领域里，某一个现象叫作 x，人们对此现象的认知叫作 y，那么 x 和 y 之间存在一定的函数关系，叫作 $y=f(x)$。同时，人们会针对 y 这个认知的结果来指导自己的行动，进而重新影响 x。此时，x 和 y 之间存在一个新的关系，叫作 $x=g(y)$。那么，用数学里面消元的方法，把 y 消去，变成了 $x=g(f(x))$。也就是说，社会中的一个现象，由于人的认知和参与，出现了一个对自身的反馈效果。

打一个形象的比喻：$f(x)$函数代表一个人的“智慧函数”（悟性、见识、阅历等），$g(x)$函数代表一个人的“行为函数”（性格、执行力、胆量等）。

把现象扔到每个人的“智慧函数”里（眼睛看到后信息输入大脑），每个人都会产生一个结果（对现象的认知）；然后把这个结果扔到他的“行为函数”里，每个人都会得出对现象的反应结果（从感知到行为，从因到果），而这个结果又成为另一个现象（果又变成因），重新代入“智慧函数”、“行为函数”，并循环往复（一种不规则的因果循环）。$x=g(f(x))$函数的意义也恰恰证明了：交易是不可能被教会的，只能自己学会。且需要的三点：悟性、性格和心理，缺一不可。也就是说，想学会是自我愿望，能不能学会取决于一个人的基础。类似于，美女靠化妆，也得基础好才行。

人们赔钱的根源在于，滥用人类共有的“反身性”。

例如，估价在 10 元时，你通过分析觉得会涨，一拍脑袋就买了。第二天价格到了 15 元，你在想卖还是不卖？再等等吧。后天跌到 13 元。这时你就会想：15 元不卖，13 元怎么能卖？如果不卖万一跌到 10 元不更惨？纠结半天，再等等。大后天跌到 9 元，你会想：不可能不涨回去的，我都分析完了，利好一大堆。再后来，跌到 8 元，你认为不能卖，卖了岂不更亏。

所有的人类活动都遵守“反身性”，证券交易也不例外。看到价格，输入大脑，采取行动，钱扔进去，价格就变了，新价格又输入大脑，又采取行动，价格又变了，又得输入大脑，循环往复。

另外，用“想赢怕输”行为去“炒股”，结果也肯定是一样的：赔钱。

综上，股市里没有对手。如果有，就是自己。

无所住，而生其心。放下执着、妄念、名相，就能看到真相。看到价格跌了，就是跌了，没有别的。而我们经常会生出很多念，会不会是洗盘？会不会是假突破？政策不是很好吗？价值投资？我就不信他不回去？再等等看。

过去的就过去了，不可得。现在的正在发生，看不见，抓不住，会成为过去，不可得。未来的，还未发生，也不可得。这是三心。

操盘，就是简单机械地动手，钱并不是我赚到的，而是概率赚到的，我就负责动手而已。我什么都不懂，只有极度的清静心而已。清静心让我知道，手不能乱动，该动的时候必须动，只是靠驾驭波动赚赚差价。

1.4 市场与投资者的错觉

交易有固定的方法吗？

没有。也有。

说没有，是因为价格的波动有无数种可能。

说有，是因为在看似杂乱无章的价格波动中想赚到差价，没有方法是不行的，世界上还是有人可以做到稳定盈利的。

1.4.1 交易的具体方法

交易的具体方法是什么？是心法。

就像打羽毛球一样，你能说出如何打羽毛球吗？拿着拍子直接击球。还有吗？球过来，飞得很快，谁也来不及想如何接球。能接住其实是心法，具体的招式已经内化在心里。球过来，只是下意识的反应。

像格斗。教练教了很多招式，当上擂台比武的时候，能按教练教的招式比武吗？先出哪个拳不是教练决定的，而是你面临的对手决定的。

心法，是固定的，必须是固定的。具体的招式千变万化，这是因为价格的波动千变万化。

线性思维是交易的硬伤。所谓线性思维是指人类在传统教育影响下形成的固有的对一切事物的分析、推理、判断等逻辑思维方式。交易是非线性的，且没有统一招式，大家都觉得历史会重演，希望从历史中找到未来行情的答案，历史会重演不假，但历史永远不会简单地重复，而是错位地重复，虽然感觉机会就在眼前，但就是抓不住。

交易本身和竞技体育有很大的相通性，不是因为你努力了、付出了、做对了、做好了就一定会成功。100 米赛跑 10 个人参加，最后有且只有一个冠军，你能说那 9 个人不努力、不优秀吗？当然不是。同样，在交易过程中有太多人付出了精力，倾其所有去研究交易中的真谛，最后还是失败，你能说他不努力吗？他已经发挥了自己所有能发挥的智力，这是悟性问题。知识可以学习，悟性无法学习。

一个品种的趋势或说波动率会改变吗？如果会，那是什么影响了？如某品种的趋势性比较稳定，那么是何种力量使之趋势稳定发展呢？为什么不像另一个品种那样忽高忽低呢？是否因为参与者的不同所致？这些想法都是线性思维方式在作怪，这是交易的死胡同。绝大多数的人都不同意这一观点，或者说都不明白这一点。

影响行情运行节奏的因素恐怕有无数个，但没有关系，这不是我们要关心的，我们要关心的是从看到的真实数据中跟踪趋势，做交易千万要记住，不要去想“行情为什么会这样，为什么又会那样？”

1.4.2 市场会被少数庄家操控吗

市场会被少数“人”、“机构”或“庄家”操纵吗？

首先这涉及一个交易哲学的问题，也就是说你相信市场会被某一部分人或机构长期操纵吗？如果你相信那么我后面写的内容你就不用看了，当然也不能说谁对谁错，这是一个交易哲学概念的问题。

我不相信市场可以被某一部分人或某些机构长期操纵，即使是在几十年前市场容量相对不大的资本市场中，某个人或某个团体能长期操纵市场的情况也是不多见的，多数情况就是所谓的机构或神秘人物的确操纵了价格，却损失惨重，因为操纵价格并不困难，难的是如何全身而退。

绝大多数投资人经过一段时间的磨砺后，会感受到一股“神秘”的市场力量的存在。在美国人们常常用“他”来描述这股神秘力量。在中国，人们目前在用“庄家”“机构”或“主力”来描述这股神秘的市场力量，他好像对投资人的心理活动了如指掌。

市场上到底有没有能够左右市场的“庄家”（神秘的“他”）？

在回答这个问题之前，先思考另一个问题：谁有资格回答这个问题？我认为“历史”或者“历史统计”最有资格回答，它的回答也最公正权威。以市场最发达、历史数据最完备的美国来看，有两类最接近投资人心目中的庄家概念：一类为资金十分雄厚且有强烈企图垄断市场的外线投资人（或机构）；另一类为资金十分雄厚，有强烈企图垄断市场的内线投资人（或机构）。先不说这两类操作都是违法的。即使一部分人逃过了执法机构的监管，他们的操作结果通过历史统计也显示出明确的结论。研究结果表明，多数企图操纵市场（指股票、期货等二级市场）的结果都以失败告终，其中最著名的案子是美国亨特家族企图逼死白银期货市场一案，结果以亨特家族倾家荡产而告终。

从统计观点看，垄断性操作难以获胜的首要原因是受到两个基本因素的制约：

（1）市场结构，即二级市场以零和博弈为特征。因为二级市场是纯粹的流通市场，不具备生产性，不产生附加价值。

（2）心理因素，即如何控制利益驱动心理的问题。当操作人由于财力雄厚而能够影响市场价格时，他便面临十分困难的选择，即如何控制自己的“度”，如何不使自己成为市场上的“多数”，因为市场上的多数趋于成为市场的输家。很多投资经理都有这样的体会，即当资金数额足以影响市场价格时，创造账面盈利（浮动利润）的业绩是十分容易的，但是要想获得实际盈利十分困难。这里的问题就是“度”的控制。当操作者由垄断性操作而获利后，更加无法控制自己的心理欲望，很难不使自己逾越多数与少数的“度”的界线，从而最终走向自己的对立面。

1.4.3 散户投资者的错觉

一般投资者认为“庄家”能够获利来源于两个错觉。

（1）把相持能力等同于赚钱能力（这点在期货市场更为明显）。

（2）把价格影响力等同于赚钱能力。一般来讲，大额资金比小额资金相持能力强。但是，这不等于大额资金容易赚钱。

大额资金与小额资金相比有其自身弱点：

（1）大额资金有成本。绝大多数机构投资人的操作资金都有成本，从而形成“成本压力”。

（2）大额资金有赢利目标和实现该目标的期限限制，从而会形成“业绩压力”。因此，很多大额资金都属于“压力资金”，而“压力资金”都较难摆脱操作者心理压力的影响，因而较难获胜。相反，小额资金只要风险控制得当，其相持能力并不一定会被削弱。

大额资金相比小额资金的真正优势在于：

（1）操作条件优越。对价格的影响力比较大。

（2）科研能力强。各种硬件和软件都是最好的。

但是小额资金特别是个人投资者的风险资金，由于是非压力资金，因而更容易取得心理优势，理论上更容易获胜。一般投资者认为“庄家”有能力影响价格，因此有能力赚钱，这是因为一般投资者看问题时容易形成某种偏向性。他们没有看到，机构在进场时由于资金量大会对价格产生影响，比如股票操作，产生求大于供的上涨压力，如果其他条件不变，那么该机构在退场时，也会产生供大于求的下跌压力。这种市场影响力是一柄双刃剑，既能伤人，也能伤己。西方投资界将这种影响效应称为“回波”，精明的投资家对回波效应都是极其谨慎的。

现代心理学的研究结果表明，人的记忆具有选择性。也就是说，人只能记忆自己愿意记忆的东西。在投资上，无论是一般股民还是机构投资经理，对“胜绩”往往“曲不离口”，对败绩却往往“三缄其口”。由于这种记忆的选择性，使投资人对自己相信的东西愿意记忆，对自己不相信的东西不愿记忆。绝大多数投资人缺乏严格的统计学训练，因此很难按统计学的规则去观察问题。由于这个原因，以中国短暂的股市历史来看，个别机构大户的个别胜绩便被夸大到了严重偏离其统计意义的地步。由于目前中国还缺乏精确的统计资料，因此无法全面了解机构大户在股市和期货市场的业绩。但是，有很多迹象可以暗示其一般状况。

（1）目前因炒作失败负债严重而导致破产或被兼并的经纪机构决不仅仅是个别现象。

（2）绝大多数股票和期货经纪机构都有市场操作的专门团队，但是目前几乎都从属于经纪业务，而不能独立成类似西方的“交易公司”的经济实体。这说明这些机构的市场操作业绩还缺乏稳定性，还需要经纪业务收入的支持。

（3）目前，绝大多数基金和信托资金都不以二级市场操作为主营项目。至于个人投资大户，有媒体追踪报道称第一代个人大户已尽被淘汰出局。至于美国，前面提到过具有垄断意图的外线操作和内线操作的一般状况。这里还要提一下另一类合法的内线操作，即由上市公司的高级主管和董事会成员买卖本公司上市股票。由于在美国这类买卖活动要报备证券监管机构，因此统计资料十分详尽精确。一般投资者倾向于认为内部消息对买卖股票的成败具有决定意义，因此这类内线投资人的动向十分引人注目。但是多年来的统计结果表明，从整体而言，这些内线投资人的投资业绩十分平淡，最多只能称之为微利。

1.5 怎么看待“概率”

当一场足球比赛踢成平局时，需要用残酷的点球大战来分出胜负，如果守门员等到射手已经将球踢出，甚至是看出球运行的线路再做反应的话，那么基本上不可能扑到球。守门员必须在射手起脚的一刹那，赌球射向的方向，否则一切都来不及了。事实上，我们经常能看到点球大战中，球射向左边而守门员扑向右边的场面。守门员扑点球不是看出来的，而是赌出来的。如果赌左、中、右的话，那么扑到的概率为 33%，如果等看出球的走向后再选择扑球方向的话，那么扑到球的概率为 0。

1.5.1 不需要追求确定性

不追求确定性还有可能成功，而追求确定性就必然会失败。如果将守门员扑球比做交易的话，那么 1/3 的正确率在 5 倍的盈亏比面前照样可以获利，而追求确定性的交易者则通常什么都得不到。

我在捕捉趋势时，曾经需要其他方法的确认，且自己一定能够看懂行情。后来我发现，也许迟钝一些能够提高正确率，但它也是靠丧失盈亏比来换取的。而真正意义上的确定性又是不存在的，再有把握的交易也是可能出现亏损的。在我们追求有把握的同时，又将自己的成本大幅提高，从而丧失了盈亏比。

后来我发现，看出趋势的思维方式是错误的。趋势不是看出来的，而是赌出来的。我现在的思维方式是：大众用潜在的好位置换取金钱，而我用金钱来换取潜在的好位置。请注意，我是用实实在在的金钱来换取潜在的好位置，我是通过概率来赚钱。我从来不参与没有被数学概率保证的盈利模式，从来不买彩票，倒不是因为彩票的成功率低，而是因为彩票具有负期望收益。即使中彩票具有非常低的概率，但如果我们能以 0.02 元一注买到彩票，那么投资彩票也是不错的方式。

自有交易市场以来，很多人都在争论市场能否被预测。一部分人认为市场的波动杂乱无章，未来绝对不可知；另一部分人认为市场的波动是可以预测的，未来是可以计算出来的。但大家是否想过，在可知与不可知之间还有一种状态，那就是市场的未来虽然不可知，却具有概率上的规律。我个人很肯定地认为，市场绝对不是杂乱无章的，同时也并不具有任何绝对规律。

承认自己看不懂行情并不丢人，甚至在看不懂行情的前提下，实现必然的利润也是很现实的事情。

有人奇怪地对我说："我没有你这么高的交易水平，所以只能做做短线。"简直是胡扯，短线是难度最高的交易方式。我明白这些人的思维方式，他们误认为我获取的利润是看得准。他们根本不相信，我能够在毫不知情的前提下，长期持有获利头寸。事实上，我的秘密在于：永远用钱去换位置，而不是用位置去换钱。什么是位置？位置就是趋势行情中方向上的优势！更多的人在获取了好位置时，迅速用珍贵的位置来换取少得可怜但真实确定的钱，而我是甘心用真实确定的钱换取可能出现的好位置。

我很诚实地告诉很多人，我的利润不是看出来的，而是赌出来的。有意思的是，几乎所有人不约而同地对我所说的这个"赌"字深恶痛绝！

曾经的我，为确定性付出了太大的代价。起初我为了每笔交易都必须盈利的确定性，放弃了太多利润。即使放弃得再多，确定性也丝毫不会眷顾于我。我用只买入业绩好的股票、只买入大幅下跌后风险释放的股票等方式，来追求根本就不值得而且最终仍旧追求不到的确定性。后来我使用趋势跟踪策略时，总是等到一条条向好的迹象全部出现后才买入股票。这样做丝毫不能提高确定性，反而让我的买入价格居于高位。这有点类似我前面提到的"点球原理"，寻找确定性最终只能让我们一无所获。在我看来，一个人的交易行为越不需要理由，那么获利就越容易。每当我们多付出一些代价的时候，就会多知道一点。当我们知道全部真相的时候，这种真相已经没有丝毫意义了。

追求完美的动机使得人们想绕开所有缺陷，而不是承担必须承担的东西。我们从来都不可能“零成本”地知道更多真相。相反需要知道的事情越少，获利反而容易一些。

1.5.2 赌博与交易的异同

赌博和交易的不同之处到底在哪儿？

全世界范围内，无论你用任何方式去参与任何形式的赌博，从长期来看胜率都不会超过 50%，虽然输赢没有任何规律性，但长期来看是不可能盈利的。即使返奖率超高，仍然会因为胜率和盈亏比不占优势，从长期来看还是必亏无疑。这也是博彩业可以长盛不衰的根本原因，因为统计概率上的优势永远掌握在赌场一方。只有极少数的人具备数学和统计学方面的天分，在极个别的赌博方式中占据统计学上的优势。美国有一部电影叫《决胜 21 点》，有兴趣的读者可以看看。

交易的特点是：交易所产生的价格是所有参与者心理和行为共同作用的结果，这种共同作用的结果在一定程度上具备一定的规律性特征，比如趋势性的行情、暴涨或暴跌的行情。虽然这种行情发生的可能性仍然不会超过 50%，甚至更低，但是问题的关键是，交易中的潜在盈亏比是我们可以控制的，也就是说，每次交易潜在的最大亏损是多少、潜在的最大盈利是多少，都是自己可以控制的。如果是隔夜的趋势跟踪策略，潜在的盈利将是无限的。

而在赌博中，大部分赌局的潜在盈利和亏损都是确定的，并且潜在盈亏比很少有超过 2 的，几乎都是在 2 以下，盈亏比即使超过 2，胜率也是极低的。

如果想赚钱，盈亏比和胜率缺一不可，任何一项都不能太差。

比如，双色球 2 元一注，如果亏损只损失 2 元，而盈利则是 500 万，盈亏比高达 250 万。虽然盈亏比超高，但是这种可能性不会超过 1000 万分之一，显然，这种投注策略是必败的。

所以，远离一切赌博，离得越远越好。如果做交易，一定要在交易之前去评估潜在盈亏比和胜率，否则放弃交易。我是通过概率来交易，没有被数学概率所保证的盈利模式，我个人是从来不参与的。

有时候觉得交易真的很有意思，可能我们辛苦了一整年取得了比较不错的绩效，但其实并不是每个月的表现都让人满意，可能大部分时间都在持平、震荡、亏损中度过，只有关键几个月出现了机会，并且我们抓住了机会，交易就是循环往复这个过程。当经历了以上过程之后，有时候我们会想：如果早知道这样，只有那几个月交易不就好了，多轻松呀。当然这是后话，也是不可能存在的事情。

交易的过程像钓鱼，我们用了 10 个小时去钓鱼，只在最后一个小时里钓到了非常多的鱼，前面 9 个小时都是在孤独地等待。那之前的 9 个小时没有意义吗？当然不是，我甚至认为成功的关键就在于等待的那 9 个小时，因为谁也不知道鱼何时会上钩，我们只能用固定不变的一套钓鱼模式去等待鱼的到来，在等待的过程中不仅仅需要意志力、坚持、隐忍、执着，更重要的是对钓鱼的态度、认识，甚至是对人生的态度和价值观，在这个过程中绝大多数的人都不能忍受那孤独苍白的 9 个小时，换位置、休息、聊天、打电话或者想一些投机取巧的办法。只有极少数的人坚持着自己的信念，试想，这样的人不成功都难。

交易中稳定盈利之所以困难，就是因为在交易中需要人们不断克服人性中的弱点，排除世俗干扰，长时间地承受那种无声的孤独，9 个小时真的没有那么容易就可以过去。

1.6 完全分类思想的重要性

人生两大思维：分类思维和概率思维。

交易里面没有标准答案，不要太在乎其他人的市场观点，哪怕他再权威，再成功，学会独立思考才是最重要的，也是每个成熟投资者必做的事。

我把这些年能够在这个市场生存下来并且活得很好归结为：从来不相信所谓的分析专家和深度报告，他们绝大部分只会纸上谈兵，不是盲目自大，就是杞人忧天，我只相信自己的眼睛和独立思考的结果。

所以我认为交易者最重要的事情就是培养独立思考的能力，抛弃依靠别人观点的坏习惯！

这一切归于分类。

前文有个例子，放学回家的路上，想着回家玩游戏机，但是妈妈在家的话不同意玩。怎么办？①如果妈妈在家，就不玩游戏机；②如果妈妈不在家，就玩游戏机。如果分析妈妈有可能去买菜、逛街、去外婆家，分析 100 种情况都无济于事，因为下午放学回家之后到睡觉之前就那么几个小时。

“石头、剪刀、布”这个游戏在世界范围内广泛流传。

美国一个数学家通过大量数据统计，得出了一个“石头、剪刀、布”游戏的技巧。

（1）第一局先出布或者剪刀。新手喜欢以石头开局，因此出布的人很容易拿下开门红。然而如果你与老手过招，并且他们觉得你是菜鸟，那么他们就会先出布；要是他们觉得你的级别高于菜鸟，就会出剪刀。这样你的最佳选择就是出剪刀——要么平局，要么获胜。

（2）当你有所迟疑时，就出布吧。人们经常出石头，最少出剪刀。

（3）根据对手上局的手势出拳，让对手的上局拳法击败你将要亮出的拳法。没有计划时，人们乐于击败自己上局的手势。例如某人上一局出了布，下一局就会出剪刀，所以你该出石头了。

（4）注意连续两次相同的出拳。很少有人会连续三次出一样的手势，如果对方连续两局出了石头，下一局很有可能会出剪刀或者布，因此你该出剪刀，这样至少可以平局。

如果排除心理因素，“石头、剪刀、布”是一个简单直观的游戏，然而，如果对手是人或者非随机程序的话，就可以针对对手的“属性规律”设计出更好的策略。不信的人可以找朋友试试，统计 100 次，就能得出上面的结论。

所以，完全分类之后，用概率优势，连玩游戏都能获胜，在交易上也是如此。

交易拼的是分类能力。谁分类最客观，最符合市场走势，谁就站在了交易之巅。相信很多人听说过缠中说禅，他确实可以称得上是交易界的前辈。但是我想说，他对走势类型分类的理念是绝佳的，但是操作手法不尽如人意。

我也很重视“完全分类”思想，想在本书讲一种简单可靠的交易之法。任何级别的走势都能分解成趋势与盘整两类，趋势又分为上涨与下跌两类。这个结论不是从天而降的，而是从无数图形的实践中总结出来的，这个简单经验是一切技术分析理论唯一的坚实基础。

在任何一个走势的当下，无论前面是盘整还是趋势，都有一个两难的问题：究竟是继续延续还是改变。例如，原来是在一个趋势中，该趋势是延续还是改变成相反的趋势或盘整，这样的问题在当下永远不确定。任何宣称自己能解决这个两难问题的，就如同在地球上宣称自己不受地球引力影响一样无效，这是任何面对技术图形的人都必须时刻牢记的。

一切虽然不可预测，但一切走势的可能结构是可以分类的，每一类之间都有着明确的界限，因此，唯一需要我们做的就是观察市场当下的走势，让市场去选择可能的结构，然后根据市场的选择来分类。注意，这对大资金来说也一样，任何规模的资金归根结底只是市场的分力，不是合力本身，企图把自己当合力本身，把自己装扮成上帝的，最终的结局都是死无葬身之地。只要是分力，就要观察市场当下的反应，根据反应来选择。

投资是一门艺术，而投资的艺术归根结底是资金管理的艺术，就像歌唱的艺术，归根结底是呼吸的艺术一样。而市场的波动，归根结底是在前后两个高低点构成的一个完全分类中展开的，明白了这一点，市场就如同自己的掌纹一样举手可见了。

以上这些，对于散户和庄家来说其实是一样的，能明白这一点，就可以在市场中游刃有余了。

本节着重介绍了“完全分类”的思想，具体方法后面会展开论述。

第 2 章

掌握价格波动规律

掌握了股市的交易规则，厘清自己的思路后，就需要明白投资中的价格波动规律，是什么影响了价格，以及 K 线、趋势的含义和走势等。

2.1 如何理解 K 线

K 线是股市中最常见的一种线性图，那么如何理解 K 线呢？

2.1.1 K 线是时间周期内的价格变动

一条 K 线记录的是一个时间周期内价格的变动情况，常见的日 K 线代表一天内的价格变动，图 2-1 所示为单根日 K 线图，左侧为阳线，右侧为阳线。分钟线、小时线、周 K 线、月 K 线等同理。

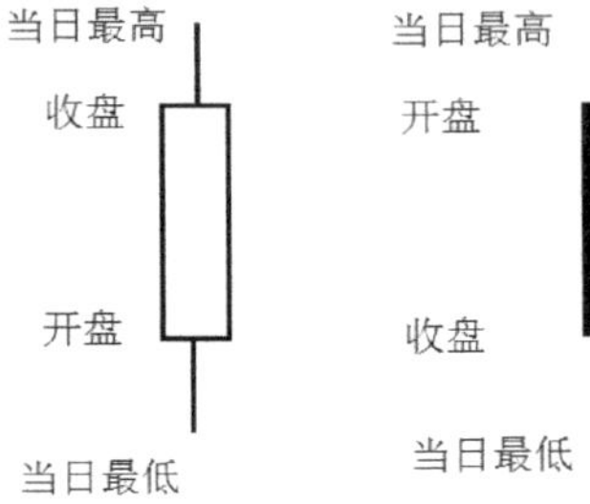

图 2-1

以日线为例，如果把每天的 K 线按时间顺序排列在一起，就构成了这个交易品种上市以来每天价格变动的 K 线图。图 2-2 所示为日 K 线图。

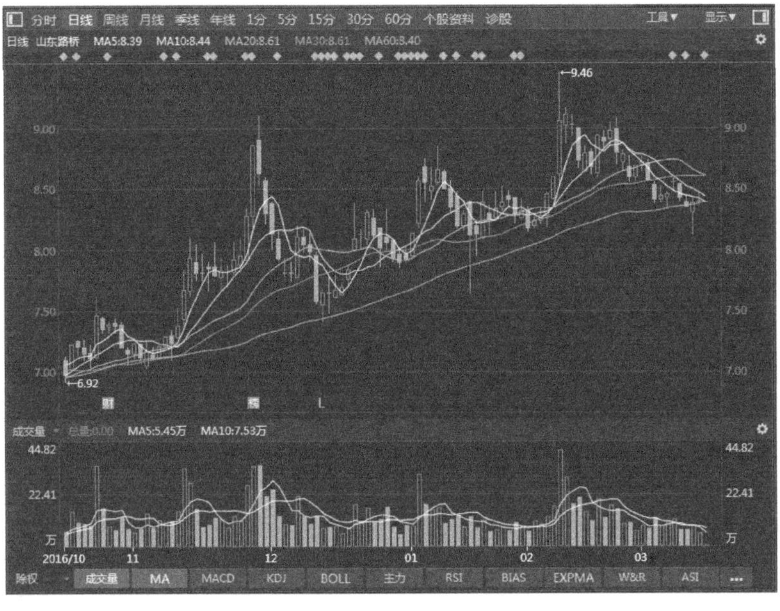

图 2-2

事实上，K 线的形成取决于每一计算单位中的四个数据，即开盘价、最高价、最低价、收盘价。当开盘价低于收盘价时，K 线为阳线；当开盘价高于收盘价时，K 线为阴线；当开盘价等于收盘价时，K 线为十字星或一字线。

2.1.2 最基础的 K 线形态：头肩形态＋M 顶 W 底形态

价格的走势，看上去有许许多多的形态，这些形态归纳起来，不外乎是由 N 字曲折线组成。以 N 字曲折线结构为基础，就形成了最基本的形态：头肩形态+M 顶 W 底形态，如图 2-3 所示。

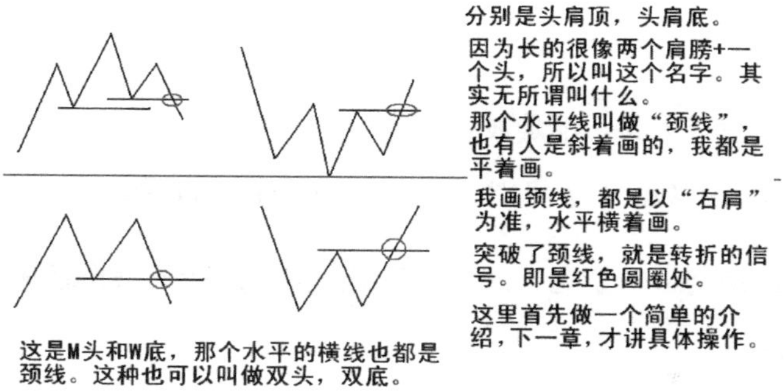

图 2-3

不管你信不信，只要会看这两种形态就够了，收盘价突破了颈线，叫作“形态突破”，头部破位就卖，底部破位就买。价格走势的拐点，就是由这两种形态组成的，虽然实盘看起来有许许多多形态，但是都是这两种形态的变形。

关于形态结构，说起来容易，实际用起来就有些费劲了，因为形态结构是精确加模糊的一种合体。

- 模糊的地方：它的基本构造可长可短、可大可小、可对称可不对称。
- 精确的地方：大多数情况，都是这种形态；如果当下不是，那它最终会演化成这种形态。

多多看图，多多练习，这种精确加模糊的结构是本人多空通吃、连续交易的理论依据。

2.2 什么是趋势

怎么确定趋势有没有开始？一般看出趋势的话，趋势就已经要结束了，这个问题怎么解决？

其实，趋势是事后才看到的现象，期间我们能感受到的只是无尽的波动，对于趋势我们也无法给出一个客观的定义。

很多交易者亏损累累，都是被“趋势”二字所累。要说趋势，得先说级别，没有级别，就没有趋势，有了级别才有趋势。因为趋势是相对的，而非绝对的。

如果非要给趋势下一个定义，那趋势就是你所选择的操作级别里面的某级别的价格走势。

所谓操作级别，就是操作软件上的周期，比如 30 分钟 K 线，那么 30 分钟级别的走势才是我们应该关心的，其他周期再怎么走都不用看，看了也没用。我知道很多人多个周期来回切换，美其名曰顺大逆小，其实没必要这么麻烦，一个周期就能做到，具体内容会在第 3 章介绍。

有人说交易中感觉看不懂行情，或者说行情变化之后反应不过来，还停留在原来的思维里，反复出现这种状况。这是非常典型的左侧交易思维，主观的判断和认定。其实根本不用那么复杂，为什么非要看懂行情，而且行情是不可能让人看懂的，多空都是动态转换，何况每个人认定的多空标准都不一样。把交易思维方式调整得简单一点，以右侧交易为根本，不要去预测行情，更不要赌运气，行情走势不是预测出来的，而是根据市场所有参与者的心理节奏变化运行出来的。

按照自己制订的交易规则下单执行就可以了，亏损和盈利不是交易者应该考虑的事情。

从长期来看账户的绩效表现取决于交易者交易动作的合理性和客观性。

2.3 价格在股市中的应用

要说价格波动的规律，就不得不说道氏理论。通过原版的道氏理论不难看出，道氏理论是研究“平均价格指数”（大盘）的理论，不管是伟大的查尔斯·道，还是汉密尔顿、雷亚，都是通过大盘的走势来发表对市场的看法。而查尔斯·道和汉密尔顿还是《华尔街日报》的编辑，他们是否炒股有待考究，雷亚是汉密尔顿的铁杆粉丝，同时也炒股，不过原书没说如何通过大盘操作个股。很明显，原始版的道氏理论是分析师专用理论，只有分析师才不在乎怎么操作具体的个股，拿着大盘分析所谓的趋势和宏观走势。原书也说了，个股和大盘有时候同向，有时候逆向，那通过大盘分析炒股有什么用途呢？这误导了很多人。

然而，道氏理论还是很伟大的，如果把道氏理论的哲学思想和方法论提纯一下，用在个股上和期货外汇上，将是一个大杀器。

2.3.1 交易中的三大哲学思想

道氏理论的哲学思想才是我们学习的重点。我最喜欢的一句话是：人和人的差别，源于他相信了哪种价值体系。交易是一场游戏，除了无尽的变化，市场没有给我们定任何游戏规则，如果说有游戏规则，那就是尽可能地去赚取差价，胜者为王，市场只看结果，且同时不相信眼泪。

市场中有三种人：一是知道自己是游戏者；二是不知道自己是游戏者；三是不知道不但自己是游戏者，而且已经成为猎物。

为了不成为猎物，我们需要给自己定游戏规则，即自己的交易系统，无论发生什么都要坚定不移地且发至内心地相信。交易系统一般包含两个方面，一是方法，二是心法。方法是每时每刻都要用来参与市场的，怎么开单，怎么防守，怎么止损止盈等；心法最容易被人忽略，特别是新手，还认识不到心法的重要性。作为交易者，并不是天天都能一帆风顺，总会遇到挫折，那怎么给自己疗伤、怎么恢复信心就是坚定自己的信仰，即心法。如果心法崩塌了，就不会再相信自己的方法，导致不敢开单，不敢离场，甚至不敢操作，这些都是我近 9 年交易中经历过的。

本书会有很多心法方面的内容，可能有读者厌烦，怪我太啰嗦，我能理解。我把自己的经验和教训分享出来，希望能给读者一些启迪，如果只分享经验，不分享教训，那不客观，而且我希望读者能通过本书少走些弯路。

当我在交易中遇到挫折，就默默思索这三大哲学思想：价格是包含未来的、价格随趋势运行、历史会重演。当我确定了这三条依然成立，我就不再担忧了，因为大厦的根基依然存在，挫折只是暂时的。

1. 市场上的三类交易者

从方法上来说，市场中的交易者分为三类。

- 技术派：大多数技术派以预测市场价格变化的未来趋势为目的，以图表为主要手段对市场行为进行研究，依照价格波动的表现，推断下一步的趋势走向，研究的是价格将如何变化。我本人就属于技术派，但是我只看价格和平均价格，只依据方法操作，不分析也不预测，这就是我和其他技术派的区别。
- 基本面派：他们考察所有影响市场价格的相关因素，以确定市场的内在价值，他们专注于研究导致价格上涨、下跌或持平的供求关系，根据内在的原因，推断市场今后的走向，他们研究的是价格变化的原因。（价格变化的原因还用研究吗？价格变化的结果都实时显示在 K 线走势图上了，根据这个结果做就是了。再说了，价格变化的原因是不可知的，就算知道这个原因也没用，因为你无法通过这个原因推断出今后的结果，那些声称能推算出结果的人都是自欺欺人，一切都只能走一步看一步。价格是最聪明的，它知道所有参与者的预期，它也实时显示所有参与者的预期，价格也无须研究，相信即可。）

- 混合派：一会儿技术一会儿基本面的混合派，我就不多说了，他们大都在分析预测，这一类人在市场上最多。

2. 技术分析的理论基础

技术分析成立的三大前提是三大哲学思想，如果你相信技术分析，并且想当技术派，必须相信前面所说的三大哲学思想。这里再重复一遍，即价格是包含未来的、价格随趋势运行、历史会重演。这三条构成了技术分析的理论基础，当我们在技术分析的迷宫中不能自拔时，回归原始基础是一种最好的选择。回归这三个原始基础，是一种对技术分析的再认识和再思考，毕竟一座大厦根基的可靠性应该是最值得信赖或推敲的。

在对技术分析进行根本性思考时，思维会随着记忆的延伸获取新的材料，忽视表面的诸多指标或形状不可靠的技巧性，更加坚持对原始基础的执着。

（1）价格是包含未来的。

价格是包含未来的，也可以有其他说法：价格消融一切、价格实时显示所有参与者的预期、市场价格已经包含了一切相关的市场信息。

“价格消融一切”构成了技术分析的基础。除非你已经完全理解和接受这个前提条件，否则学习技术分析毫无意义。技术分析者认为，能够影响股票和期货价格的任何因素——基础的、政治的、心理的或其他方面的，实际上都已经反映在其价格之中。由此推论，我们必须做的事情就是研究价格变化。这句话乍一听也许过于武断，但是仔细推敲，确实如此。这个前提的实质含义其实就是价格变化必定反映供求关系，如果需求大于供给，价格必然上涨；如果供给大于需求，价格必然下跌。供求规律是所有经济预测方法的出发点。把它倒过来，那么，只要价格上涨，不论是因为什么具体原因，需求一定超过供给，从经济基础上说必定看好；如果价格下跌，从经济基础上说必定看淡。

归根结底，技术分析者不过是通过价格变化间接地研究基本面。大多数技术派也同意，正是某种商品的供求关系，即基本面决定了该商品的看涨或者看跌。图表本身并不能导致市场的升跌，只是简明地显示了市场上的乐观或悲观心态。图表派通常不理会价格涨落的原因，而且在价格趋势形成的早期或者市场正处于关键转折点的时候，往往没人能确切了解市场为什么会有如此古怪的动作。恰恰是这种至关紧要的时刻，技术分析者常常独辟蹊径，一语中的，每次都能及时操作。

所以随着市场经验日益丰富，遇到古怪的情况越多，“价格消融一切”这一句话就能越发显出不可抗拒的魅力。既然影响市场价格的所有因素最终必定通过市场价格反映出来，那么研究价格就够了，让市场自己揭示它最可能的走势，并不是分析师凭他的精明“征服”了市场。所以，我们只能相信价格。

（2）价格随趋势运行。

“趋势”是技术分析的核心。研究价格图表的全部意义，就是要在一个趋势发展的早期及时、准确地把它揭示出来，从而达到顺着趋势交易的目的。事实上，技术分析的本质就是顺应趋势，即以判定和追随既成趋势为目的。从“价格随趋势运行”可以推断，对于一个既成的趋势来说，下一步常常是沿着现存趋势方向继续演变，掉头反向的可能性很小。这当然也是牛顿惯性定律的应用，也可以换个说法：当前趋势将一直持续到掉头反向为止。这里要强调的是：坚定不移地顺应一个既成趋势，直至有反向征兆为止。

通过这个规律，我们可以设计出第一代交易系统：只看 K 线。

既然价格随趋势演变，那么可以得出结论：价格任何时候都处于大趋势之中，时间只是一个相对概念，把时间和价格组成的图表拉长就可以发现，股票的 K 线走势曲线（价格曲线）与横线（固定值）始终不重叠。

下面对这个系统的原理简单解释一下。

很多人认为价格是随机游走的，在走的方向上不确定，但是随机游走有一个确定性，即从一个点出发，经过一段时间的随机游走后，仍然停留在起点的概率非常小，与起点的距离由两个方面决定：一是波动率，二是游走的时间。所以，对于一个随机游走过程，从任何一个起点开始，一定时间之后，它究竟朝哪个方向走是不确定的，但是我比较有把握的是它偏离出发点的可能性非常大，而且波动率越大，时间越长，偏离的距离越远。所以，这个策略简单来说就是：观察的不是价格会上涨还是会下跌，而是价格会远离开仓点。下面找个走势图（见图 2-4），我画给大家看看。

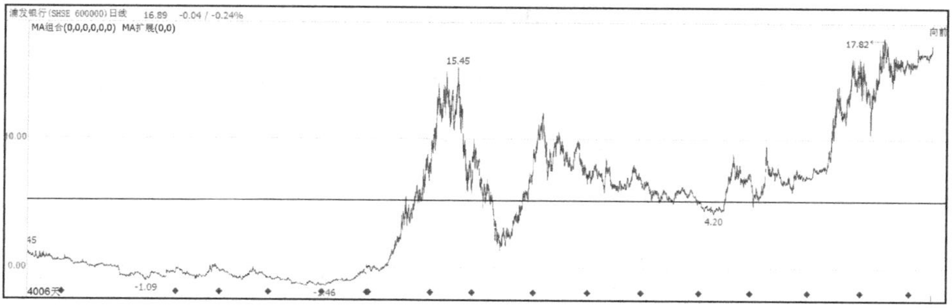

图 2-4

在图 2-4 中随意画一条横线，以横线作为进出依据的话（K 线收盘价突破为准），赚 100%出来，亏 2%止损。结果是什么？必赚无疑！因为最多错 10 次，亏 20%，对 1 次就赚 100%。因为价格必然会离开横线，随便你把线画在什么价位。你还可以把止盈止损调整一下，比如 200%止盈、5%止损。当然，这只是一个最初级的交易系统，还有可改进的空间。

下面说说下一代升级版。

以相同的价格间距画线，可以画无数条，比如间隔 5 元画多条平行线。这样，每条线都是进出的依据，如图 2-5 所示。

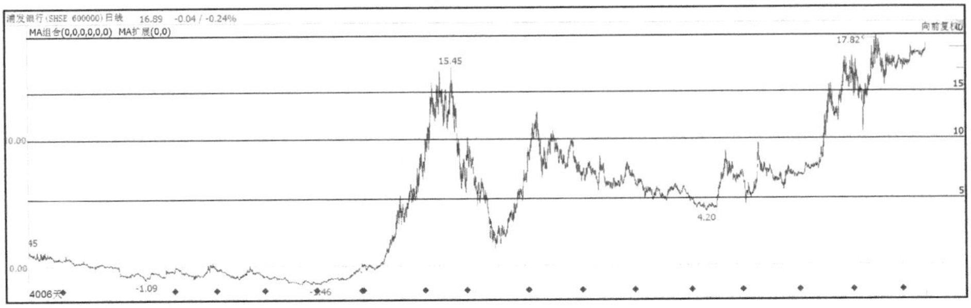

图 2-5

线不神奇，神奇的是执行力，能不能盈利取决于有没有去做。股票走势再好，你没有完全执行，中途退出，那么一定无法盈利，如果完全按计划做，谁都骗不了你，一定能有所收获。如果你坚持做下去，止盈能抵得上止损，还能盈利。

以上方法，建议用在 30 分钟周期及更长周期中。

其实，我也不建议读者用这么初级的系统做盘，下面还会介绍二代系统（只看均线）、三代系统（均线与 K 均结合），一代比一代实用。本人用这三种方法都赚过钱，且在三代系统上赚得最多。

（3）历史会重演。

这里说历史重演并不是机械式的重复，而是概率意义上的重演，是由操作者自己定义出来的一套交易规则（交易系统），在走势图上依据自己的规则进行买进卖出，当然有些价格形态符合要求并且按照规则方向发展，也有些符合要求却不按照规则方向发展的，综合来看，就是一种概率意义上的表现。另外，价格形态通过一系列高低点的排列组合表现出来，而这些图形包含着所有参与者对某市场看好或看淡的心理。

历史会重演，是通过统计众多历史走势图得来的，历史会重演说得具体点就是，打开未来之门的钥匙隐藏在历史之中，或者说，未来是过去的翻版，重演却不重复是走势图的最大特点。

其实很多走势图在过去的几百年里早已广为人知并被分门别类了。既然它们在过去很管用，就不妨认为它们在未来同样有效，因为它们是以人类心理为根据的，而人类心理从来就是“江山易改，本性难移”。

投资者经常在相似的历史变化中寻求投资“真理”，最后却伤痕累累，这正说明了市场是变幻无穷的。阴阳两种 K 线能构造百年来华尔街的风风雨雨，只因 K 线相似却不神似，历史重演却不重复。

图 2-6 所示是上证指数 20 多年的走势图，大家看看走势是否总在趋势中？看看价格是否随趋势演变？

图 2-6

2.3.2 交易中的四大方法论

想做好交易，必须有好的心态，比如考场上的学生想考出好成绩必须掌握解题方法才行，光靠心态没有用。交易同理，有好心态的前提，就是有一个客观有效的好方法，这样人才能踏实下来。方法的链条是这样的：思想理念—方法—心态—执行力—结果。有了好方法，自然心态就好，执行力强起来了，结果自然不会差。

我从道氏理论提炼出了四大方法论，即上涨下跌盘整的定义、走势级别、平均价格、相互印证原则。

1. 上涨下跌盘整的定义

- 上涨：最近一个高点比前一个高点高，且最近一个低点比前一个低点高（新高而不新低）。
- 下跌：最近一个高点比前一个高点低，且最近一个低点比前一个低点低（不新高而新低）。
- 盘整：最近一个高点比前一个高点高，且最近一个低点比前一个低点低；或者最近一个高点比前一个高点低，且最近一个低点比前一个低点高。（既新高又新低、既新低又新高、不新高也不新低、不新低也不新高。）

图 2-7 所示为上涨、下跌、盘整定义示意图。

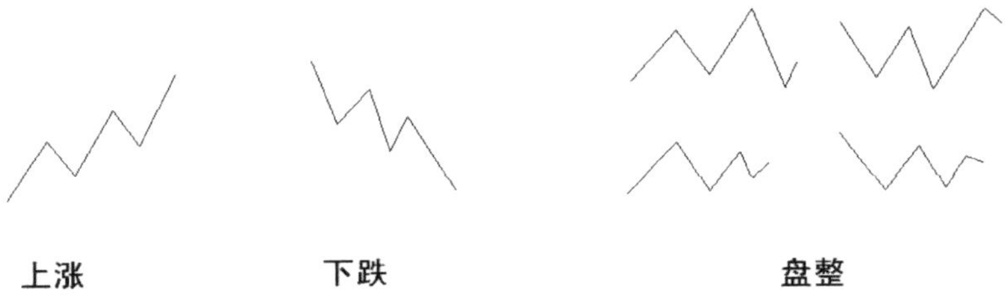

图 2-7

确定了高低点，不管行情怎么走，看着盘面就行，我们拿一个个的高低点来防守和进攻即可。

道氏在一百多年前提出的上述定义已经表现出尽量客观化的趋向，当然并未达到百分之百的客观。道氏对于“趋势”的定义是客观的，对于“高低点”的比较方法是客观的，但是对于“高点”和“低点”的定义并未达到完全客观化，因此历史上对道氏的趋势判定一直存有争议。但是道氏能在一百多年前就达到这种近似客观化的研究成果，非常难能可贵。事实上，道氏理论已经够精确了，价格波动是由参与者情绪推动的，没有人能完全客观化、精确化地定义出高低点，否则市场将不复存在。

那我们如何来确定高低点呢？高低点是分级别的，定义里面高低点的比较说的都是同级别的高低点，同级别的高低点比较才有意义，不同级别的高低点不具备比较的意义。所以，要确定同级别的高低点就要先理解走势级别的含义。在介绍走势级别之前，不得不说平均价格这一概念。

2. 平均价格

道氏理论是研究平均价格指数的，平均价格指数就是大盘。前面说过了，通过研究大盘进行具体操作很不客观，但是这个平均价格的思想很先进。我们能从这个思想中引申出“平均价格”的概念，就是一系列 K 线收盘价平均数的连线，这就是我们常见的均线。比如 30 均线就代表 30 个相邻 K 线收盘价平均数的连线。

炒股或炒期货最重要的就是成本，你有你的成本，别人有别人的成本，所有人的成本平均下来就会有一个“总平均成本”。价格用 K 线来体现，收盘价是所有交易者都认可的价格，是我们决定要不要买卖的价格，所以我们要关注收盘价。大家为什么要买？因为觉得买了会涨，所有人都这么觉得。涨价的前提是买的资本量大于卖的资本量，表现在价格上就是：涨价的前奏是价格高于平均价格。由此可见，股不是选出来的，是涨出来的，买的时候谁都不知道以后能不能涨，只能保证该买的时候买，该卖的时候卖，其他你都决定不了。

当价格高于平均价格，就意味着“抢手”了，大家都买，就涨价。所以当价格高于平均价格，就可以买进；当价格低于平均价格，就可以卖出。道理就这么简单。

平均价格（均线）的作用：一是和价格（K 线）相互印证，二是确定走势级别。

表 2-1 中以上证指数为例列出了不同均线的收益率，这是二代交易系统（只看

均线）。数据测试时间段为 1992 年 11 月 17 日—2014 年 9 月 30 日（约 22 年），共测试 200 个参数（2～200），即测试 200 日均线以下的所有均线（1 日均线没有意义，不统计）。

交易方式：收盘价位于均线以上则买入，收盘价位于均线以下则卖出。

表 2-1

1	计算参数	胜率（%）	收益率（%）	年化收益率（%）
2	均线（22）	30.88	5088.36	231.78
3	均线（21）	32.13	4799.74	218.63
4	均线（20）	31.74	4347.16	198.02
5	均线（19）	32.33	3956.87	180.24
6	均线（16）	34.67	3686.48	167.92
7	均线（14）	33.33	3604.85	164.2
8	均线（23）	30.52	3373.97	153.69
9	均线（15）	35.44	3333.35	151.84
10	均线（24）	30.88	3300.25	150.33
11	均线（18）	32.28	3034.4	138.22
12	均线（25）	30.61	2859.78	130.27
13	均线（17）	32.71	2574.99	117.29
14	均线（26）	31.25	2250.24	102.5
15	均线（13）	32.71	2219.8	101.11
16	均线（39）	33.57	2120.13	96.57
17	均线（40）	29.71	2011.77	91.64
18	均线（28）	33.7	1995.99	90.92
19	均线（29）	33.71	1953.28	88.87
20	均线（38）	32.43	1830.92	83.4
21	均线（31）	32.2	1746.44	79.55
22	均线（32）	30.64	1738.04	79.17
23	均线（27）	31.72	1723.68	78.52
24	均线（37）	32.24	1718.04	78.26
25	均线（36）	29.75	1629.35	74.22

续表

	计算参数	胜率（%）	收益率（%）	年化收益率（%）
26	均线（41）	28.78	1619.68	73.78
27	均线（30）	31.67	1617.98	73.7
28	均线（43）	25.56	1616.51	73.63
29	均线（15）	32.49	1544.18	70.34
30	均线（42）	26.67	15.23.87	69.41

这个是净收益，已经减掉了亏损。这个交易系统，获利最大的是 22 日均线，共交易 217 次，正确次数仅有 67 次，也就是 30.88%。简单点说，就是操作 3 次，才会对 1 次。就相当于“一袋瓜子共 217 颗，其中金瓜子 67 颗，烂瓜子 150 颗”。你不把所有瓜子吃一遍，你就拿不到那 67 颗金瓜子。为了拿到 67 颗金瓜子，吃 150 颗烂瓜子，就是代价，但 67 颗金瓜子带来的喜悦完全可以覆盖 150 颗烂瓜子的晦气。

你只愿意吃金瓜子，不愿意吃烂瓜子，那么你永远吃不到金瓜子。也就是说，要吃就连续吃一袋，要么就别吃。好了，我们可以把二代交易系统升级一下。

以 3、5、10、20、60、120、250 日均线为核心，以一个短期的均线上穿（下穿）一个长期均线作为买卖条件，这就是二代升级版。

以 1990 年 12 月 19 日—2012 年 9 月 28 日作为统计分析区间，统计周期长达 22 年。升级版中金瓜子就多了。价格大于平均价格，意味着大概率上涨的前奏。如果是小范围的平均价格（小均线）大于大范围的平均价格（大均线），意味着大概率上涨。反之，就是大概率下跌。数据如表 2-2 所示。

表 2-2

买卖条件（1990.12.19—2012.9.28）	总收益（%）	盈利次数	交易次数	平均收益（%）	盈利概率（%）
3 日均线上穿（下穿）60 日均线买入（卖出）	1046.7	22	66	15.9	33.3

续表

买卖条件（1990.12.19—2012.9.28）	总收益（%）	盈利次数	交易次数	平均收益（%）	盈利概率（%）
收盘价站上（跌破）60 均线买入（卖出）	1023.7	24	101	10.1	23.8
5 日均线上穿（下穿）60 日均线买入（卖出）	987.7	21	60	16.5	35
收盘价站上（跌破）20 均线买入（卖出）	970.2	59	212	4.6	27.8
10 日均线上穿（下穿）60 日均线买入（卖出）	933.2	22	51	18.3	43
3 日均线上穿（下穿）20 日均线买入（卖出）	903	54	152	5.9	35.5
3 日均线上穿（下穿）120 日均线买入（卖出）	902.9	14	47	19.2	29.8
5 日均线上穿（下穿）120 日均线买入（卖出）	885.7	12	39	22.7	30.8

注：表中列出的是收益率前 8 名的数据。

通过表格可以看出，均线就可以盈利，而且赚的还不少，最起码能秒杀 99% 的散户了吧。

3. 走势级别

交易者必须明白，对道氏理论提出的价格三波段（主级正向波、次级逆向波、日间杂波）的区分，可以用来理解走势，但是具体操作的时候绝不能人为地事先去猜测，必须是走一步看一步。

因为价格的波动本质上就是所有参与者情绪的波动，人的情绪高涨和低落没有什么公式定理可言，且人类从诞生之日起就没有改变过贪婪恐惧、患得患失、想赢怕输的特性。所以，我们通过研究大量的历史走势图能找出相对客观、接近精确的办法，就是用平均价格（均线）作为参照物去理解走势级别，然后顺着平均价格来确定同级别的高低点，确定了同级别的高低点，就能按照上面说的上涨下跌盘整的定义去具体操作了，具体操作后面章节会讲到。

4. 相互印证原则

道氏理论始终坚持相互印证原则。相互印证原则，是指相互之间具有内在制约的事物在变化中相互验证，如道氏提出的工业指数（代表生产部门）与铁路指数（代表流通部门），由于其内在相互制约机制对整个国民经济具有重大影响，因此是道氏的关注点。但这只能用于分析，无法解决根本症结：如何具体买卖？

这里强调一下，我们可以用“形态突破”和“均线突破”来相互印证。后面会展开介绍。

在盘面上，K 线代表价格，K 线用四个价（开盘价、收盘价、最高价、最低价）就把价格的波动按照这种稳定有序的模式忠实地记录了下来，没有任何变形和篡改，其他指标都是从 K 线演化而来，或多或少偏离了交易的本质：赚价格差。

K 线又分为不同的周期（周线、日线、小时线、分钟线等），同时忽略了从开盘价到收盘价之间的价格变化过程，只记录期间的最高价和最低价，其哲学含义也很明显，即从开盘价开始，不管中间是波澜壮阔还是风平浪静，真正的交易者都不为所动，收盘价才是所有参与者用钱投票的最终价位。道氏理论也强调看收盘价，价格每时每刻都在消融一切信息。

平均价格，也就是常说的“均线”代表着所有参与者的“平均成本”。当 K 线高于均线，说明此品种比较抢手，上涨的概率较大；当 K 线低于均线，说明此品种比较滞销，下跌的概率较大。可能你会想，均线有那么多，以哪个均线为准？其实任何一个都行，都符合这个规律。我们为了操作起来比较平稳，选择稍微大一点的均线比较好，比如 150 日均线。周期有日线、周线、小时线，到底以哪个周期为准？为了操作起来比较平稳，建议选择稍微大一点的周期，如 1 小时周期、

30 分钟周期，新手最好选择不低于 15 分钟的周期，因为太小的周期虽然赚得快，但是驾驭起来较难，如果掌握不好大起大落几次则会深受打击。

道氏理论主要通过分析“铁路指数”和“工业指数”的变动方向来确认趋势的转折。如果两个指数都掉头向下了，就确认整体市场可能会下跌。但是这里我们不这样用，而是使用相互印证原则。价格的突破分为“形态突破”和“均线突破”。上面讲过了，收盘价突破了颈线叫作“形态突破”，收盘价突破了均线叫作“均线突破”。当“形态突破”+“均线突破”都发生了，叫作“双突破”，即相互印证原则。如果只发生了一个，那么需要等待另一个来确认。

本节非常重要，因为突破就是进出场的信号，我们做盘就是从突破入手。

2.4　常见交易名词解释

有些名词虽是常识，很多交易者却不知道什么意思，理解透彻了或许有点帮助。

- 周期：其实应该叫作“K 线周期”，年、月、周、日、小时、分钟、秒，即每一个 K 线柱子的时间长短，是对 K 线柱子的描述。
- 走势：打开任意周期的 K 线图，看到的就是走势。走势又分不同级别。
- 级别：分为两种，一是操作级别，二是走势级别。这是很多人不明白的，也是交易的难点所在。
    - 操作级别：即选用多大的 K 线柱子的走势图进行交易。用 K 线周期来划分。
    - 走势级别：即在操作级别里以多长时间为单位进行交易。最低的时间单位就是你的 K 线柱子的时间。用均线来划分，这一点很重要，均线才是真正的级别。

- 走势类型：上涨、下跌、盘整。
  - 上涨：右侧的底和顶高于左侧的底和顶。
  - 下跌：右侧的底和顶低于左侧的底和顶。
  - 盘整：既不创新高也不创新低，或者新高又新低，新低又新高。
- 形态：顾名思义，K线图的样子。比如M头、W底、头肩顶。
- 趋势：上涨、下跌。
- 结构：对走势类型的描述。这两个汉字本身很简单，用在行情上却很复杂，不好理解。比如上涨结构、下跌结构、盘整结构、头部结构（本质上，头部、底部都是盘整而已，只不过造成了行情的转折，所以单拿出来说）等，结构有大有小，类似于俄罗斯的“套娃”，一层套一层。
- 上涨结构：结构中的一种。上涨结构有很多种，原理很简单，是由三种走势类型构成的，比如“上涨+盘整+上涨”就是一个上涨结构。其他结构同理。
- 前高前低：根据上涨下跌来定义。前高右侧的最低点，就是前低。或者说，新高和前高之间的最低点，就是前低。前高同理。前高前低很难像数学那样精确算出来，这样描述虽然不够严谨，但是相当实用。
- 平台（线）：根据价格的前高前低画的水平线。
- 颈线：特殊的平台线，又叫平台颈线。有人画的不是水平的，这个没有标准。
- 均线：当前操作级别里，往左数 N 个K线柱子收盘价的平均值连线。比如，N=30，代表30均线，在日K线里代表30日均线，在1分钟K线里代表30分钟均线。
- 趋势线：这种比较主观。如果固定下来自己的画法也是可以的。比如，两点连线可以确定一条直线，那么三点连线呢？四点呢？总之，点位能连成直线的越多，代表这条趋势线概率越大。注意：这个连线的点位一定是前高前低。大部分人常犯的一个错误是：试着让趋势线符合市场。这无异于刻舟求剑，改来改去，画了也无用，真正的用法是让市场符合你画的趋势线。

- 突破：分为形态突破、均线突破等，本书只用到这两个突破。形态突破，就是 K 线的收盘价明显突破了颈线。均线突破就是 K 线的收盘价明显突破了操作线（交易系统设定的均线）。
- 下单价：排队价就是买价买，卖价卖，按先来后到成交。对手价就是买价卖，卖价买，按先来后到成交。市价是指按委托最优价成交。最新价就是买卖都看最新价。挂单价就是你设置一个价等待成交。个人常用市价。

交易就是以上这些内容的反复运用。本章讲了这么多，介绍了一代、二代交易系统，其实是为了三代交易系统做铺垫（K 均交易法）。我并不建议读者用一代、二代交易系统，只是通过一代、二代来说明一些道理，引申出 K 均交易法，所以这一章也是基础，懂了这一章的内容才能看懂第 3 章。

第 3 章

发现长期稳定盈利的方法

法无定法，但交易必有方法，否则不可能有人能做到稳定盈利，有人却一直亏钱。如果所有人都亏钱的话，那么市场的根基就荡然无存了，事实上有人能做到稳定盈利，这个盈亏结果也符合大家熟知的二八定律。

3.1 我的交易系统

在外行人看来，市场是充满变数的，是无法把握的，和赌博没有什么区别，实际上交易也是有规则可寻的。想成为赢家的第一要点：找到正确的操作模式并固化下来，化变数为定数。这是最重要的入门理念，是决定能否稳定盈利的关键。理念错了，一切努力都会付诸东流，理念对了，就走进了正确的门，只要坚持努力终有成功之时。

3.1.1 K 线之间的关系

很多人绞尽脑汁去理解市场的价格变动，通常当他们弄明白之后，行情已经走完了。如果你需要知道的事情市场早已反映出来，你为什么还要瞎忙呢？那么，什么东西是早已反映出来的呢？

价格消融一切，所有新闻、政策、黑天鹅事件等都会反映到涨跌里形成价格并通过 K 线展示，前面介绍的上涨、下跌、盘整的定义，就是通过 K 线走势高低点的排列组合实现的，也就是说，要想用这个定义操作，就必须会画出高低点。准确地说是各个级别的高低点，因为高低点是分级别的。会看高低点就能知道自己操作级别里的趋势，趋势是相对的，上涨下跌一目了然。

所谓形态，其实也是高低点的排列，形态是一种很笼统的东西，大概地描述了当前走势的样子。

我敢说，所有人赔钱的根源在于“分不清级别，不懂什么叫拐点”。行情波动是有级别的，级别不是看盘周期，是价格运动的速率，是人类情绪的合力。级别，是无级变速，所以走出来的图形有点迷惑心智。拐点，是一种模式化的东西。市场波动的本质是“顶底循环”，是不同级别的顶底循环，但很多人都当成了同级别的顶底循环。

趋势是事后才看到的现象。你说它是趋势，那是因为已经走出来了。当你认为看到了所谓的趋势，其实它随时可以掉头，也可以震荡，也可以延续，那么，“顺势而为”就成了是笑话，那该怎么办？找拐点。只在拐头的地方做，一直拿到下一个拐头的地方，就很安全了。怎么确认拐点？要理解行情。

操盘口诀有四句，如图 3-1 所示。

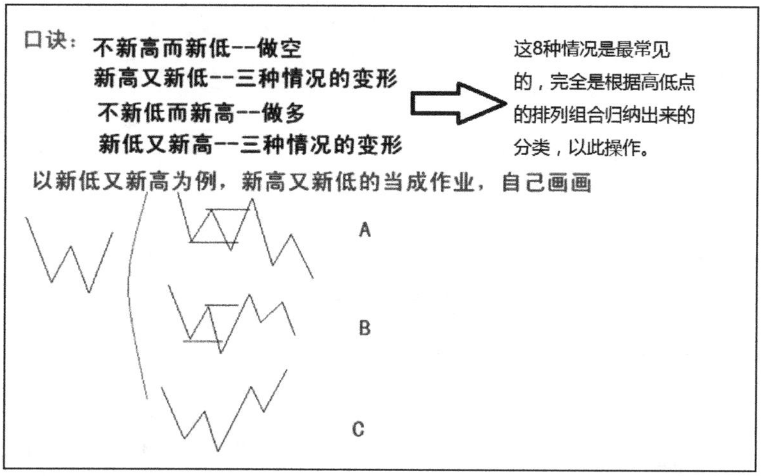

图 3-1

总体一个大原则：突破前高做多，突破前低做空。

图 3-2 详细说明了 ABC 三种情况。

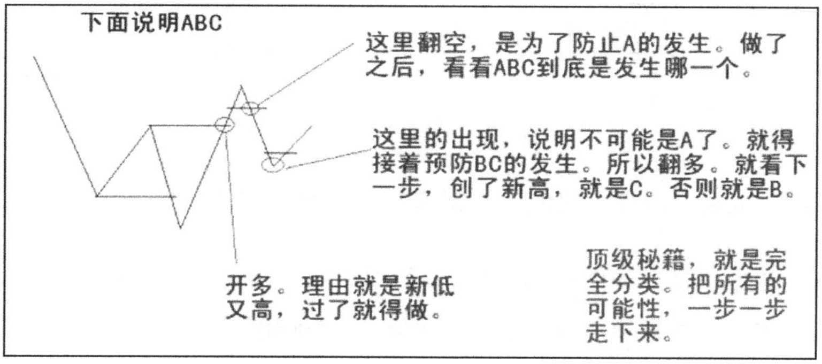

图 3-2

图 3-3 放大展示了拐点处的细节。

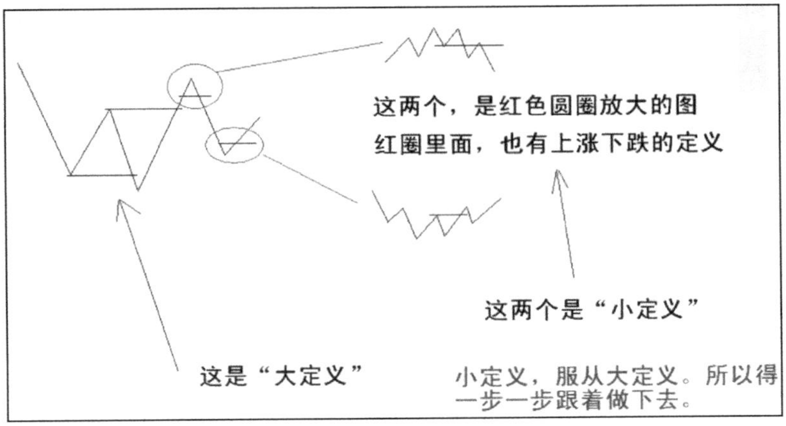

图 3-3

图 3-4 以真实走势图为例，展示运用分类方法的过程。

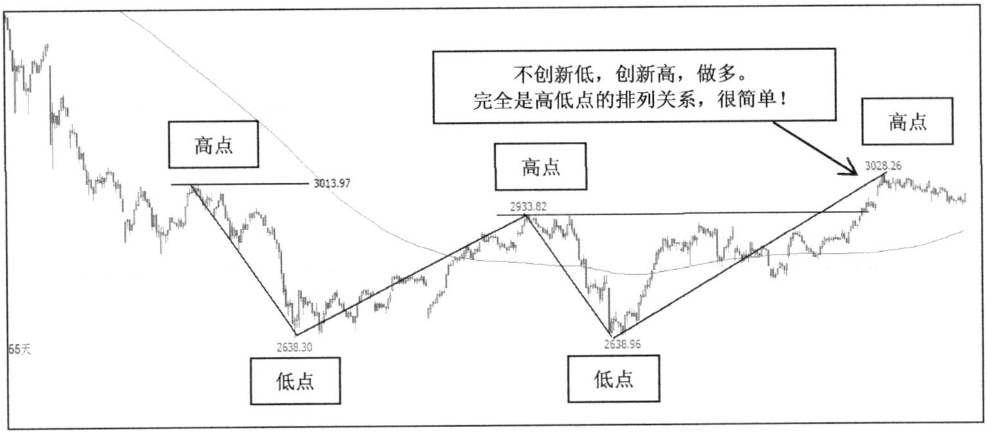

图 3-4

颈线，是根据“前高、前低”画出来的，用来界定“突破”。

突破，必须是很明显的，而且是收盘价的突破，如果带着长长的影线，或者稍微突破一点点，或者在临界点颈线处拖拖拉拉地稍微突破，都不能算真正的突破；大 K 线柱子明显突破，才算真正的突破，要多对着盘面细细体会才行。需要说明的是，突破是一个区域，而不是一个点，在这个区域操作就是对的。

操盘语言，就是不同级别高低点的排列关系。高低点才是可以“快速当下”的参照物。当大脑遇到金钱的时候，立刻回到了人类最原始的状态，人就迈不开步子，舍不得撒手，行动力低下。马走日，象走田，市场走 N 字，这个 N 的四个端点就像刀片一样，专割惊弓之鸟的肉，越割越惊慌，越惊慌越想快速翻本，刀片转得会越快。

市场的波动归根结底是在前后两个高低点关系构成的一个完全分类中展开的，明白了这一点，市场就如同自己的掌纹一样举手可见了。每个高低点产生之后，最多只有三四种可能性。只需要观察，看市场选择哪一个分类，以此操作即可。只能相信价格，因为人只有在用钱投票的时候才比较认真；也只能相信价格涨跌结构的转换，因为不管价格涨跌背后的原因是什么，都只能表现出价格的涨跌而已。而价格的涨跌，必然会留下能量转换的轨迹，这个“能量转换的轨迹”即 K 线图。

价格始终处于趋势之中，价格最大的奥秘在于它始终在波动，并且有“创新”的冲动。在创出新高或新低之前，有无数种可能性，是我们无法识别的状态。创新是“有”，是确定性；未创新是“无”，是不确定性。人只能识别出创新，识别不出未创新。人只能对已经发生的事情有所察觉，对未发生的事情一无所知，只能分类应对。很多人研究所谓的“假突破”，其实在发生的时候，人是无法识别的，人不可能当下就区分出真突破和假突破，至于有没有概率性的区分规则，那是另外一个话题了。

价格要么新高，要么新低，必然二选一，因为各走势类型必然要完成。能量博弈必然会留下轨迹，轨迹的基本结构具有自相似性，就是通过高低点的新高或新低实现的。上涨就是高低点上移，直到顶部结构出现转成下移；下跌就是高低点下移；盘整就是平移，这就是结构，也是 K 线之间的关系，买卖点就在结构转换处，“顶底”就是转折区域，是我们做盘的依据。

为什么价格必须有波动？为什么一定是上涨、下跌、盘整的轮换？为什么没有必然怎么走或者走多少的先验性逻辑？因为有分歧才有交易，才有市场；有交易就有买卖；有买卖就有多空力量的对比；有力量的对比就有胜负强弱之分；多方强就上涨，空方强就下跌；不分胜负的相持阶段就是盘整中枢缠绕。没有永远的胜负和相持，所以多空轮换反复交替，持续波动。

3.1.2 均线和均线的关系

均线代表着平均价格（市场上的平均成本），均线也代表着 K 线波动级别，所以，均线就是市场，并且各级别是独立发展的，互不矛盾。

一条均线代表一个级别，每个级别的高低点都遵循上涨、下跌、盘整的定义来运行。操作的时候，只看一条均线代表的级别，是单级别操作。同时看两条均线代表的级别，是两级别联立操作。同时看的均线大于等于三条，是多级别联立（三级别联立就够了，因为三个连续级别就已经把当前所有走势都完全分类了，再多就有点乱了，也没有必要）。

图 3-5 所示以上证指数日线为例。所有的操作级别都可以，都满足这个规律。小到秒级别，一分钟级别，大到周线、月线。顺着每一条均线都能看到上涨、下跌、盘整的定义。高低点是分级别的，而级别的划分是用均线辅助进行的，并且每个级别都单独运行，互不矛盾，反而可以相互参考，以此操作。

图 3-5

（1）关于均线（操作线）的选取。

大家都知道日线级别的年线是 250 均线，半年线取整数就是 120 均线。那么我们选择操作线的时候，在 120～250 之间选择一条即可，没有哪一条是最好的，线不神奇，神奇的是你的执行力。本书中所举例子都是用 150 均线讲解。

（2）多级别联立时如何设置其他均线。

可以按照固定的倍数，以 150 均线为基准，缩小 5 倍是 30，放大 5 倍是 750。我统计过，五六倍都可以。

30～150 就是两级别联立；30～150～750 就是三级别联立。

（3）先有节奏，再有精确度。

节奏就是走势级别，就是你选择的均线（参照物），就是根据参照物画出来的各个高低点。精确度就是你需要确认的拐点，就是各个高低点排列出来的上涨、下跌、盘整的定义。

精确度真的那么重要吗？是的，很重要。但是，精确度必须建立在“节奏”之上。

无节奏，则无精确度。

节奏就是很多人念念不忘的“趋势”。趋势不是大小的问题，也不是有无的问题，而是能不能理解的问题：趋势只是相对的。精确地说，趋势就是在你的操作级别里，你所选择的某走势级别的走势。当你有了节奏，就可以在实践中钻研“精确度”。

我的建议是：

第一步，把单级别操作学会。

第二步，在学会单级别操作后可以练练两级别联立操作。

第三步，学会了前两步，就可以练练三级别联立操作。

这三步一步比一步厉害，一步比一步难以掌握。掌握了，剩下的事情就容易了。

3.1.3 K 线和均线的关系

K 线缠绕均线，有其大概率的规律可循。

前面说了，价格走 *N* 字曲折线，*N* 字的每一个端点都是一个高低点。高低点组成上涨、下跌、盘整的定义。

画高低点需要用均线辅助着画，顺着同一条均线就能画出同级别的高低点。同级别的高低点才有高低比较的意义，不同级别的高低点，不能进行高低的比较。

下单的时候一定是遵循“双突破”，即“形态突破+均线突破”同时发生，才叫作突破。从概率上来讲，双突破的优势更大。

熟练了就会明白，均线代表级别和平均成本，在均线附近发生的结构转换才有意义，换句话说，只有在均线附近发生的形态突破才有交易参考的意义，不是附近的话，会有许许多多的形态。如果单看形态突破，确认出来的拐点概率相对双突破要小很多，因为有些形态突破规模比较小，做不出差价或许还会亏损，所以需要用均线过滤一下。也可以理解成“线上多，线下空”的大原则，K 线反复穿越均线的时候用价格的高低点过滤。

图 3-6 所示中有许多形态突破，有些突破做了有利润是因为行情延续的比较久，有些做了没有利润是因为行情太短暂，没能延续。可是，我们无法事先知道行情会不会延续。

图 3-6

有没有一种方法可以过滤一些形态突破呢？答案是：有！

如果用双突破过滤，效果如图 3-7 所示。

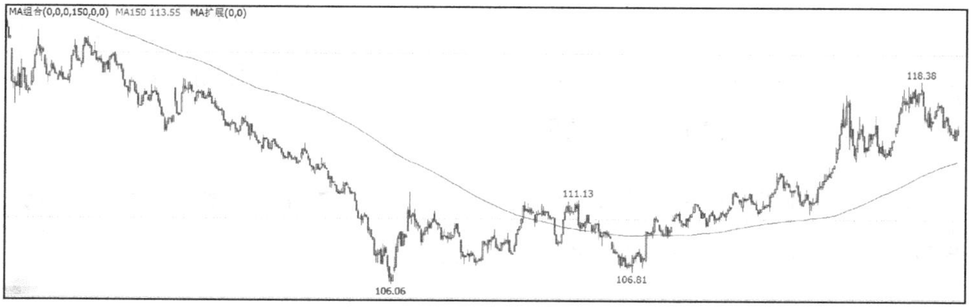

图 3-7

加一条 150 均线，用“双突破”即“形态突破+均线突破”过滤一下，明显突破了才动手，否则持仓不动。从图中可以看出，一波空单吃下来，然后空翻多，目前多单持有中。

这不是很清晰吗？不需要看新闻，不需要看报告，看着高低点，喝喝茶、听听音乐等着，到位就做，不到位就不做。

实际交易中，行情会复杂一些，但不会逃出 10 种情况（上面讲了 8 种，下面再补充 2 种，如图 3-8 所示），两级别联立最多 10 种。

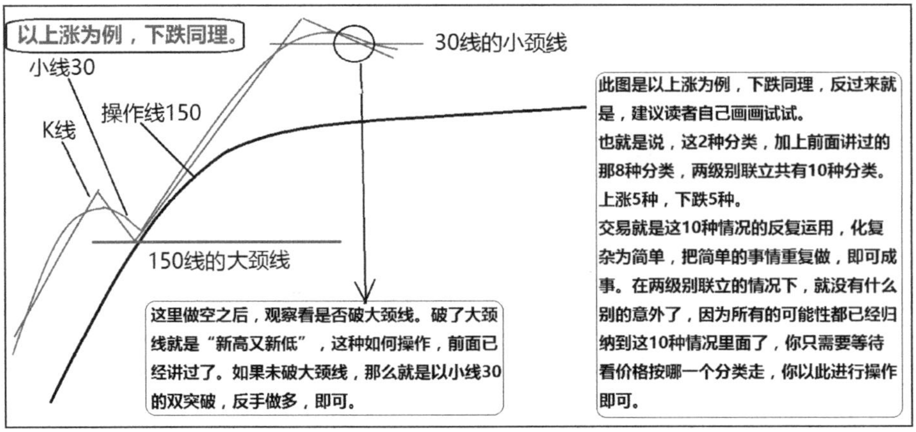

图 3-8

这两种补充的情况，其具体走势的特征是：当下离前高前低很远且离操作线 150 也比较远，此时形成了明显的次级别（30 均线代表的级别）的双突破。这种情况才可以用，其他情况，不可乱用。

谨记只能在“新高又新低+新低又新高”以及这两种补充的情况，才可以用小波动做。一定不能乱用小级别波动，否则吃大亏。用好了，锦上添花；用不好，画蛇添足。

最难的是两点：一是等待可以开仓的信号；二是等待可以平仓的信号。等待的过程本不应赔钱，但是大部分人都是等着等着就把钱倒腾没了。所以，识别临界点不算难，最难的是一直恪守只在临界点才动手的规则。

3.1.4 交易系统总结

交易系统的构成可以总结为 5 句话：固定操作级别、固定操作线、会画高低点、确认突破的标准、严格执行。到位就动，不到位就不动。

1. 固定操作级别

操作级别就是 K 线周期，月、周、日、小时、分钟、秒。一般情况下，水平高一点的做 15 分、10 分、5 分、3 分、1 分、秒级；水平差一点的做 30 分、1 小时、2 小时，再大就别考虑了。人一辈子一般做不到 10 000 个交易日，概率的出现需要时间。但是，小级别比大级别复杂，做起来累一点，可开仓手数也少（一个 K 线柱子的容量是有限的），优点是赚得多、赚得快。多一点的资金可以做大一点的级别，这样做起来也轻松，手数容量也大，可根据自己的实际情况操作。

本质上，周期的选择取决于人的心理反应速度，有的人觉得一分钟周期可以操作，有的人觉得一小时周期都太快，反应不过来。30 分钟周期不大也不小，我建议读者从 30 分钟开始做。

2. 固定操作线

选操作线也很重要，前面介绍过，120～250 之间选一个就行，线不神奇，神奇的是你相信它并坚持执行。如果不知道怎么选，就用 150 均线。这样，30～150 就是两级别联立；30～150～750 就是三级别联立。

3. 会画高低点

高低点是分级别的，一条均线代表一个级别。顺着同一条均线画出来的高低点就是同级别的高低点，同级别的高低点才有比较的意义。

画高低点得居高临下，有大局观。价格是有层次的，层次就是级别，就如大的里面有小的，小的里面还有更小的，大的在更大的面前还是小的。

如果画的时候模棱两可，是练习的不够，领悟的不够，或者价格走得非常凌乱，这里允许出错，没有百分之百的对，还是概率优势问题。

要用发展的观点看事物，走一步看一步，新的高低点不断出现，不能抓着旧的不放，有新的就用新的，没有就用旧的。

下跌的时候盯着“左侧相邻的前高”，上涨的时候盯着“左侧相邻的前低”。

因为，左侧相邻的前高前低包含着未来。左侧相邻的前高前低就是市场上大多数力量的预期。

画出了高低点就等于找到了防守位置。有了防守位置，不管行情怎么走，耐心等待就是。注意，防守位置就是止损位或者反手位，盯住防守位置，别考虑利润，止损是由自己控制的，利润是由市场控制的。

高低点的画法主要考虑三个方面：

（1）选明显符合上涨、下跌、盘整定义的高低点，高低点依次抬升，高低点依次降低。

（2）选贴近操作线的，贴近操作线说明当前市场的价格和平均价格趋于一致，也说明这个地方很重要。

（3）选规模比较大的，规模比较大说明这个地方争夺比较激烈，持续时间也比较长。

依次按照这三条，一般都能画出高低点，如果还是画不出来，也没关系，说明你目前面临的可能属于比较复杂的走势，这种地方允许出错，不管怎么画高低点都是一个概率问题，我们是靠概率优势获胜的，关键要形成自己画高低点的习惯，并且固定下来，定法就是法，只要一直执行就有了概率优势。

高低点的图例如图 3-9 所示。

- 双箭头的线段代表 150 均线级别的高低点。
- 无箭头的线段代表 30 均线级别的高低点。
- 上涨的时候，画前低，防守。
- 下跌的时候，画前高，防守。
- 不同级别的高低点有可能重复。

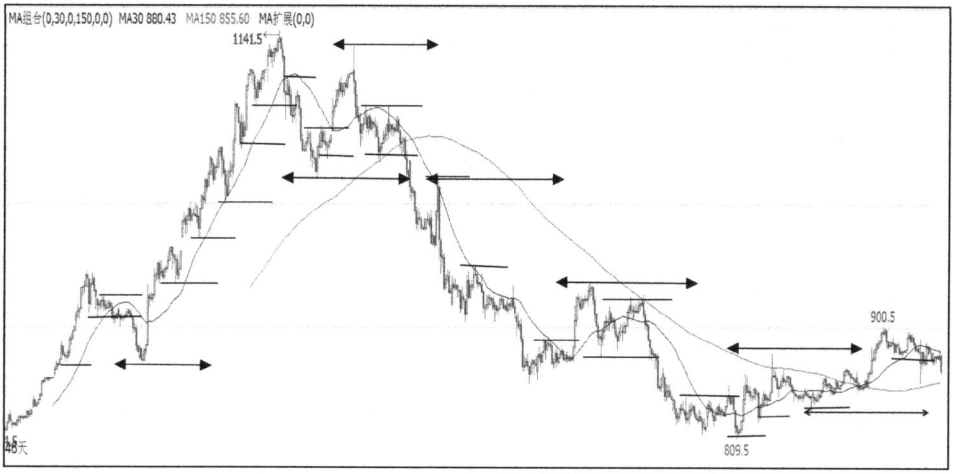

图 3-9

4．确认突破的标准

有效突破是不同周期下（如 30 分钟）收盘价的有效突破，一根大柱子突破才算，突破一点且带影线，或者拖拉了几个小柱子，或者很短的柱子稍微突破的话，可以再等等。带长影线的，特别是临界点拖拖拉拉的，都别乱动。在临界点有两种状态：一是很直接、很明显的突破，是大资金的意思很明显，就是要转折了；二是大资金做市商来测试散户，看散户怎么想的，或者是大资金自己也不知道该怎么办，拖拉几天，看看大家的意愿。

注意：我说的双突破是针对新手来讲的，之所以这么严格是怕他们乱动。其实，在均线附近发生的形态突破也属于双突破。

常见图例如图 3-10～图 3-15 所示，相关注意事项已在图上标出。

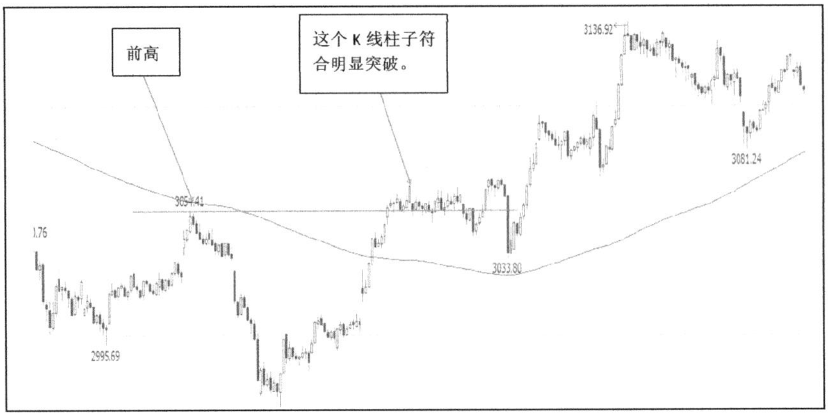

图 3-10

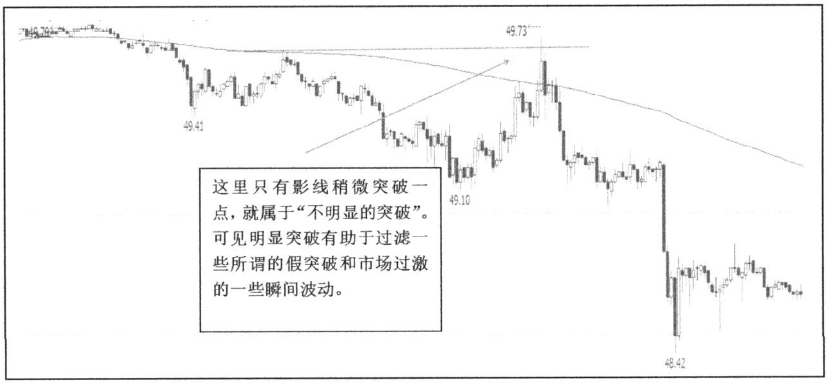

图 3-11

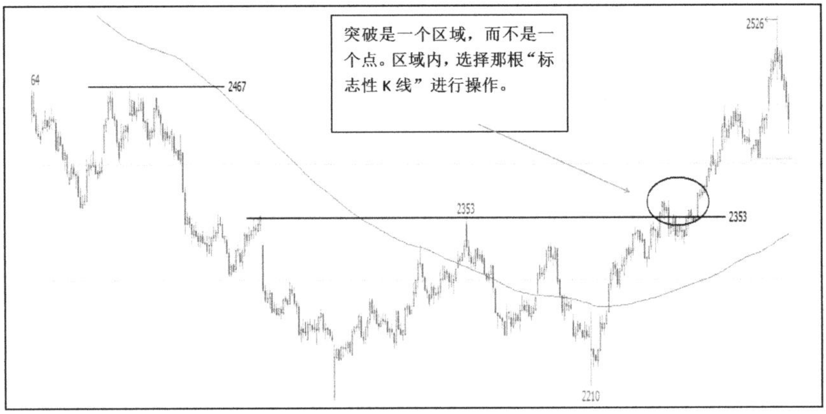

图 3-12

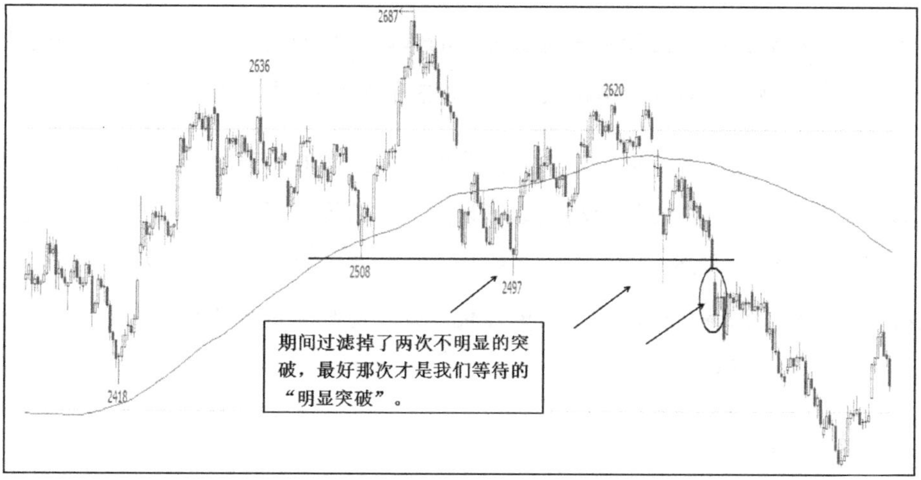

图 3-13

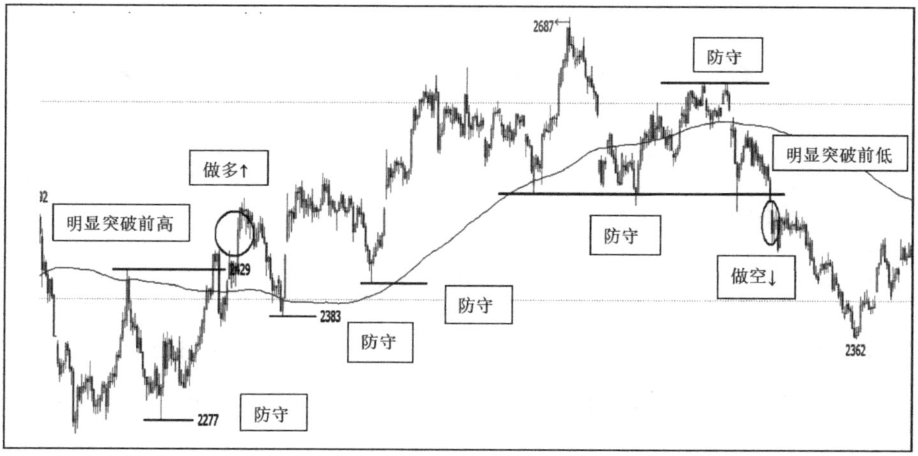

图 3-14

5. 严格执行“到位就动，不到位就不动”

以逸待劳，等价格选择某一种可能性，以此操作。所有的可能性就那么几种，反复做，重复做。

看盘看什么？是看账户余额的变动吗？肯定不是。要随时标记走势高低点，看高低点之间的关系，看高低点和均线之间的关系，这一切都是当下价格的实时反应。这种动态分类才是交易最坚实可靠的依据。我们观察动态的盘面，只能依靠动态的参照物。上面说的两种关系就是动态的客观依据，只和价格有关。

交易必然有一个流程问题。用户需要根据事先做好的完整分类，去看市场究竟选择了哪一个分类，再以市场的选择作为操作依据。好的操作必然是枯燥乏味的无聊重复。很多人都不知道自己在等什么，看着价格上上下下，疑神疑鬼，胆战心惊，还有人在等自己幻想出来的点位，或者道听途说来的小道消息，这种人还不如上一种人靠谱。

交易里，我个人常常做不到的事情有以下几项：

（1）我做不到买在最低点，卖在最高点。

（2）我不会分析走势，也不会预测价格。

（3）我做不到每次开仓都对，做不到完美操作，做不到天天都盈利。

（4）我做不到零止损。

（5）我抓不住所有机会。

（6）我开发不出完美无缺的操作系统。

我的盈亏比是 3∶1，胜率是 50%～60%，表现在账户就是进三步，退一步，再进三步，再退一步，这样循环。所以，我不关心某一次赚不赚，因为我知道我总账是稳赚的。长期总账盈利就行，这就是概率。五六成的胜率，对了赚三，错了亏一，结果是玩得时间越长，越稳健。不管分析预测还是宏观基本面，都得落实到交易上，只要你参与交易，就会有胜率、盈亏比，这两个指标决定了你的账户余额。

只有被概率所保障的交易，才有做的意义。

第一步，通过悟性，建立具有概率优势的规则。

第二步，通过执行，让概率优势显现。

第三步，通过长期执行，让概率优势长久显现。

交易者大部分时间都在等待，而不是寻找，找到目标就锁定，然后默默地等。难做到的是明明看似可以去做但依然心平气和地等。知道该干什么不是最难的，难的是知道该何时干并且坚持等。

我们能长期稳定地在市场中生存靠的是技术和纪律，只有技术是不骗人的，只有纪律是可以保命的。离开了这两项，胜利变得短暂，一切都可能是浮云。

重视思想和理念，只盯着方法，不深化落实思想和理念，是走不远的。当你独自操盘时遇到困难、挫折，怎么办？就得靠思想和理念扛下来，路上不是一帆风顺的，有很多陷阱等着你。把思想和理念学深了，就是你的精神支柱，再大的挫折也无法打败你。

很多人纠结的根源就是不知道为什么交易可以稳赚。那我们先想想如何才能做到稳定亏损？答案很简单，随心所欲的去交易，发挥“人的本性”，自然而然能做到，并且能永恒的做到稳定亏损。想摆脱稳定亏损呢？就不要去随心所欲，不要发挥人的本性，不把自己当成人，就当成机器。因为是纪律保证的盈利，不是你本人保证的盈利。不要把不该你负责的任务强加给自己，是人都做不到，但是纪律能做到。

随着操作时间的推移，功力的加深，交易就会越做越简单，越做越轻松。要点其实很简单，就是：到位就动，不到位就不动。守住自己的规则，坐山观虎斗就行了。趋势具有稳定性，这句话众所周知，但真正相信这句话的并不多。交易并没有多少奥妙，只有吃到了趋势才能挣到钱，行情走不出方向，天大的本领也无可奈何。

趋势只是一个相对的东西，在不同的操作级别，我们能看到不同的趋势。换句话说，每时每刻都是趋势，价格始终都处于趋势之中。本质上，我们只是随着波动的高低起伏做差价而已。以股票为例，存在两种情况，会发生亏损的结果：一是在很长一段时间里，价格一路下跌，只有偶尔的小反弹。股票只能做多，如果是期货外汇等多空都可以做，那么这种情况就是能大赚了。二是在很长一段时间里，价格始终在横盘震荡。价格在一个小幅度内反复震荡盘整是有的，但很少，大家可以把国内外的所有品种都翻出来看看，流动性越强的品种，波动越活跃，越好操作。流动性极差的品种可能会长期横盘，这也就是为什么我建议大家只做流动性强的品种，成交速度快，波动幅度大。

进场后，拿住单子，不碰止损不离场，一波趋势中，只要拿住这笔单子不动，就不需要再次操作，不操作就不用赔钱，利润有多少取决于趋势运行的空间大小，只要拿住对的单子不动，至少这一段时间内，就没有了赔钱的问题，只是挣钱多少的问题。

股票只能做多，期货多空都可以做。新手最好别碰期货，风险较大，对水平的要求较高。但是，风险大利润也大，如果水平高了，期货就是加速器。

思想决定理念—理念决定方法—方法决定心态—心态决定行动。如果把上面的程序倒过来，一切都是空谈。没有稳定的心态，何来坚定的执行；没有有效的方法，何谈稳定的心态；没有正确的理念，谈何设计合理有效的方法。归根结底，没有尊重客观的思想，谈何树立正确的理念？

“做交易，交易的是个人的信仰”这句话完全错误，这恰恰反映了思想上非常主观。交易和信仰，风马牛不相及。无论你信仰什么，世界还是这个世界、行情还是这个行情，这就是“客观”。一个人，最好把心灵这面镜子的镜面上的色彩擦干净，如此照出来的客观才是“不走样”的客观。

我也是普通人，如果没有方法的支持，怎么会有好的心态？方法是纸上谈兵，把虚的想象落实到纸面上，用具体的方法来落实思想理念，然后执行，执行就是化“纸上谈兵”为“行动”。

成功操作的关键是，对交易规则执行力度的强弱。执行力度的强弱取决于：

（1）是否拥有一个通过统计显示的正收益期望值的交易系统。

（2）对系统的信心强弱。

合理的交易系统，大概率上必定反映出盈利的机会，但是要给它一定的时间。刘备有了诸葛亮，也不能马上要求诸葛亮拿下西川、定下三分天下的格局，也要有时间。

如果你的操盘不能静心，说明你对交易系统不相信；不相信交易系统说明你对所用的交易系统背后的思想理念不明白；对思想理念不明白说明你对市场的理解还没到位，这就是逻辑。所以要真正、彻底解决问题，就要从根源上解决。

3.2 什么才是成功的交易

只看带均线的 K 线图就可以稳定盈利，无须其他。

3.2.1 持续一致性的规则

一个旧闻：一位大妈炒股，不会炒，只买煤炭股。买卖标准是摸自己家的暖气片，热了就买，凉了就卖。多年坚持下来，大妈赚了不少。

简单吗？为什么这么简单的套路都能赚钱？正因为简单，所以便于执行。热了就是热了，不存在别的可能；凉了就是凉了，不存在别的可能。人的主观能动性，在交易中特别不靠谱。做生意再厉害的老板，为何到了交易市场亏损累累。因为，方法不同了，这里是概率的世界，不是主观能动性的世界。

开启“如果……就……”模式。如果到位就动手，否则就不动手。物来顺应，得机而击，规则自己的思维，规范自己的行为。

每一种可能发生的情况，都在你的计划之内，随着时间的推移，可能的范围就会越来越小，直至成了一种确定性行为，而这种从可能到确定的所有过程都在你的计划之内。你只是根据价格变化而变化。它变，你才变，它不变，你则静观其变。

交易应当是快乐的，始终处在“坐等钱变多”的状态，而且是越来越多。怎么会焦虑、苦恼呢？焦虑是因为你不懂“如果……就……”，苦恼是因为你不懂静观其变。一切皆是“自我障碍”。

关于开仓，如果你有了规则，开单就是了，不要怕错。怕错是心理问题，还是那句老话“如果你输不起，那么你也永远赚不到”。

这里特别强调一下一致性。不管盈亏，都得坚持做，按同一个套路做，才能赚到。做一单换一个套路，结果就是止损白白止损，没有任何长进。止损就是做生意的开支，做生意不可能只有利润没有开支的。某一单对错不重要，要长期来看，总账盈利即可，越担心越不敢开，越不敢开越怕，恶性循环。解决之道是多培养大局观。

有一个交易者说过一句话，我觉得挺好：“关键不是开单子，而是开完之后处理单子的能力”。所谓处理单子，就是你需要有“持续一致性的规则”来解决两个问题：一是，错了怎么办？二是，对了怎么办？

开仓后只有两条路，亏损就转向止损系统，盈利就转向止盈系统，就这么简单。新手一般是没有系统的，很容易走歪路，去追求100%的胜率，把所有精力都花在提高开仓成功率上，甚至天真地认为只有每次都做对才叫高手，这也是那些以技术秘籍为诱饵进行收费的欺骗现象——骗子们是不允许失败的，要抹杀所有判断不正确的记录，要把自己打造成神，只有这样，才能吸引无知的新人和痴迷的技术者。

华尔街某知名交易员说过，他的操作 80%都是失败的，最后却能稳定盈利，利润来自于 20%的成功。这个例子虽然极端了点，但道理是一样的。在一个人的交易之路上，早期的失败是成长必需的，后期的失误是概率允许范围内必然存在的，要接受失败、喜爱止损，不要去追求过度的完美，前进一大步、后退一小步就如天地间自然规律一般不可违抗。开仓和止损是一心同体，加上止盈就是三位一体，少了任何一个，都无法成功。

日本近代有两位一流的剑客，一位是宫本武藏，另一位是柳生又寿郎。当年，柳生拜师宫本。学艺时，问宫本："师傅，根据我的资质，要练多久才能成为一流的剑客？"宫本答："最少也要十年吧！"柳生说："十年太久了，假如我加倍苦练，多久可以成为一流的剑客呢？"宫本答："那就要二十年了。"柳生一脸狐疑，又问："假如我晚上不睡觉，夜以继日地苦练呢？"宫本答："那你必死无疑，根本不可能成为一流的剑客。"柳生非常吃惊："为什么？"宫本答道："要当一流剑客的先决条件，就是必须永远保留一只眼睛注视自己，不断反省自己。现在，你两只眼睛都盯着剑客的招牌，哪里还有眼睛注视自己呢？"柳生听了，满头大汗，当场开悟，终成一代名剑客。

大家看完这个小故事联想到交易会想到什么？一切的一切源于你的"得失心"。我记得吴秀波主演的谍战剧《剑谍》中，当慕容无暇问方滔在执行任务时害怕吗，方滔说："不怕"。慕容无暇问为什么不怕，方滔说："怕有用吗？"在执行任务时想的不是怕不怕的问题，而是要清楚任务计划的每一个步骤，然后去执行。交易难道不是如此吗？如果想成为一名顶尖的交易者，就必须放下自己的得失心，得失心越重，败的越惨。

3.2.2 直线加速游戏

每个人的资金量不同，表 3-1 中以 5 万为基准，看看自己的资金量是 5 万的几倍，对号入座即可，给大家一个参照，表中的收益率是保守估计的。建议新手的资金量不超过 20 万。一切以个人承受力为准。等可以稳定盈利了，再慢慢增加资金量。

表3-1　五年规划：每年按200%加速（保守估计）

初始资金量	5万	10万	15万	20万
一年后	10	20	30	40
二年后	20	40	60	80
三年后	40	80	120	160
四年后	80	160	240	320
五年后	160	320	480	640

做一件有价值的事，一直做，然后等待时间的回报！

为了给自己一个机会，牢记以下内容：

（1）把周期调大一点，把均线设长一点，把形态看大一点。

（2）把颈线画宽一点，把头尾多舍一点，把影线包容一点。

（3）把品种减少一点，把仓位固定一点，把纪律严守一点。

你对市场斤斤计较，市场也不会对你大大方方。心，干净；手，就利落。

3.3　我的交易系统你学不会

我之所以敢公开自己的交易系统，甚至包括细节，原因如下：

（1）我说出来，有多少人相信？我敢说很少有人相信赚钱就这么简单，很多人以为稳定盈利很难很复杂，需要N个指标配合，得天天看N条新闻，或者还得研究宏观经济、全球局势等。

（2）就算有人相信我的系统，但是有多少人会采取行动。“晚上想想千条路，早上起来走原路”这是大多数人的行为轨迹。拿到了开启宝藏的钥匙，却给弄丢了。

（3）就算有很多人采取了实际行动，但是有多少人能长期坚持下来？爆发力很强，持久力不行的人，不适合做交易。交易是慢工夫，概率优势的显现需要时间，财富的积累更需要时间。这条路上有很多挫折，稍微受一点打击就想放弃的人，也不适合做交易。

（4）就算有很多人相信我的系统，也采取了实际行动，也能长期坚持做下去，我也不担心系统会失效。因为我的系统是根据价格的客观走势设计出来的，价格先出招，我的系统后出招，价格的走势规律是人性决定的，也就是说，人性不变，我的方法就永远不会失效。

（5）把自己的方法写出来，也算是对社会的一种贡献。

3.4 资金管理

除了交易，做好自己的资金管理尤为重要，没有好的资金管理，谈不上好的交易，下面来说说如何做好资金管理。

3.4.1 什么叫仓位

一致性的仓位可以有两种情况。

（1）按同一比例。比如，永远七成仓，如果是 100 万，就用 70 万。如果赚了 20 万，下一次还是七成仓，就是 120×0.7=84 万开仓。如果赔了 20 万，下一次开仓就是 80×0.7=56 万。用什么比例，根据自己的实力决定。

（2）按同一资金量。比如，永远是 100 万开仓，赚了拿出来，亏了补进去，永远保证资金不变。

这就是一致性。用仓位能控制盈亏吗？不能。盈亏是长期的概率体现，单次盈亏毫无意义。

把概率悟透，能登峰造极。把基础打牢，才能走得更远。

3.4.2 加仓、补仓和减仓都是主观臆断

除了固定仓位外，还有加仓、补仓或减仓。

1. 补仓

很多人喜欢补仓，有了浮盈，觉得行情趋势确立了，就盘算着补仓，心想如果是一大波行情，再加一批会赚更多。事实上，趋势是否确立谁都不知道，有可能刚加完仓，行情立刻掉头，抹掉了浮盈，甚至变成浮亏。然后这个单子很可能就拿不住了。当然也有蒙对的时候，这是运气，但是长期来看，运气不会照顾主观臆断的人。不光散户，很多所谓的大佬也不懂这一点。理论上成立的东西实际上才有可能成立。大多数人都在用理论上都不成立的东西，那亏损就成了必然。

还有一种行为是浮亏加仓，想摊平成本或者降低成本，这比浮盈加仓更严重。市面上几乎 100%的书籍、论坛、博客和微博等都信奉补仓、加仓，这是完全没有概率优势的。不能补仓、加仓，是因为没有必要。不管你从什么地方进场，都是 50%的对错。你觉得行情确立了，那只是你觉得，说到底，还是在分析。

例如，随便打开一个股票，找到日 K 线，在你能看到的最高点、最低点之间随便划一道横线。然后你可以做两个动作：①只要价格超过你画的线，就一次性建仓，比如 20 万买入，100%浮盈才平仓止盈，否则等待止损；②只要低于你画的线 2%就止损。如果再超过，就再买入。每个人都检验一下，看看是赚还是亏。这其中，不存在任何分析，更没有预测，但是止损 10 次以内至少会有一次盈利 100%，少数情况是不赔不赚，这个盈亏比很大。这是说明一个道理，不是让大家这样做。当然，这样做也没有错，虽然会有止损的小小损失，但一旦盈利就会很可观。止

盈止损设定多少都可以，问题在于，在有限的几次止损完成之后，必定能等来 100%的收益，我讲的是逻辑，不是某一个特例，特例没有价值。

我分享的内容不局限于股票和期货，只要是 K 线图就行，并且全球通用。但有一个前提条件需要记住：坚持！如果按这个套路做，就一直做下去，不然前几次的止损就白止损了。等到那个 100%的浮盈才是一个循环。套路是提前设定的，进场了不可更改。如果你改了，就改变了概率。坚持不到位不动，到位必须动。

加仓、补仓是以讹传讹，没有科学依据，是不合理的，因为行情随时可能掉头，加仓、补仓只是贪念作祟。

一切都不能变，只有价格可以变。这样，才有概率。

2. 完善交易系统

我讲的是一个思路，具体细节需要读者自己完善，没完善就直接进场是不明智的。我的思路是：亏掉该亏的钱，才能赚到该赚的钱；截断亏损，让利润奔跑。

坐等钱来才是大师级别的境界。真正能稳定盈利的人，都没有分析。

如果甩不掉“分析”二字，每次开单都会犹豫或纠结，最终造成该盈利的不盈利，该止损的不止损。分析，最终影响了你的规则执行，即使有规则最终也等于没有规则。我们应该只跟随群体的预期，而非本人的预期。能决定单子对错的，只有群体性预期，并且早就表现在盘面上了。

交易的一切都是自己去定义怎么做差价。衡量波动，没有标准，价格波动起来，不需要理由。

做了交易，才知道世界上最简单的工作是什么？打工。只要做好老板安排的任务就可以了，到点下班，到时间发工资，多么幸福。我悟透了市场交易的本质以后，把自己也当成一个打工者，给交易系统打工，不折不扣地按“老板”的信号做，只要完全执行了，就能有工资。我把交易当成一种“角色扮演”游戏，并且乐此不疲。

交易技术很重要，但是没大家认为的那么重要，建立了系统之后，不能执行的人大有人在。所以，固定品种、固定周期、固定方法，连续不间断交易是关键！

交易是“败中求胜”的游戏，用几次小失败换一个大胜利，这种模式是不可能被消灭的。只胜不败、只败不胜的模式都是不存在的。深刻认识到败中求胜，心态就平和了，该进就进，该出就出，不再害怕，不再犹豫。盈亏都要合理，亏的值得，才能换来合理的胜利。止损就是战略性亏损，是为了可能遇到一波大行情而去尝试一下所付出的成本，不可避免。很多人的止损是消耗式亏损，止损十次才遇到一两波大行情，也不一定能拿住。

树叶长得那么像是宇宙间“自相似性”的一种。宇宙万物都有这个特性。K 线图的波动是市场上交易群体的情绪波动的一种体现，其所走的方向就是情绪的合力方向，也遵守“自相似性”。作为大自然中的一员，人的心理和行为模式自然不能超出自然规律而独立存在。交易就是博弈的一种，也是两条“怎么买卖？买卖多少”。所有的“博弈”都是“信号管理，资金管理”这两条。“赌品”就是对赌技坚持不懈，持之以恒的执行。违反了纪律，就失去了概率优势。遵守纪律，坚守时间，没有任何例外。这就是至高无上的“赌品”，不涉及任何情绪心态，但也是最好的情绪心态。

当看到机会的时候，大脑就忘记了“风险”。交易和打台球一样，打台球就是两点“角度，力度”，当看到一个好球，人就会忘记“角度，力度”，往往好球打偏了。机会是中性的，仅仅是一个可以尝试的机会而已，球进不进，取决于“角度，力度”。

好的赌品，加上运气，即可长期稳定盈利，战无不胜。持之以恒，方可有好运气，断断续续，难有好运气。好运厄运，人人都有，长期来看，互相抵消，剩下的就是实实在在的能力。

盈亏就在一线间，一步天堂一步地狱。用你的赌品，驾驭你的赌技。而不是用你的情绪驾驭赌技。越是复杂的走势，越能体现基本素质。

3. 执行交易系统

在交易中最核心的不是交易技术，而是对交易系统的执行，只要能够得到执行，再差的交易系统最后也能实现其价值，不幸的是人类天性中存在着对完美的追求，所以很多人得到系统后会想办法不断优化，不能将一个系统持续执行下去。也就是说，拿到了武功秘籍，反而没有埋头苦练，反而去寻找更厉害的秘籍，到最后什么武功都没练成。所以，我们要有意识地去拒绝完美。

对于当下的走势来说，只有三种可能：上、下、横，没有第四种。每一种都有明显的界限，这界限就是高低点。

以概率优势为荣，以坚持一个方法为荣，以执行规则为荣。

小资金，本人能做到年化收益率 500%以上，但这没意义，算总账，不要算小账。小局观，钱进进出出，守不住，经常盈利，总体亏损。大局观，看的是“职业化交易人生”，看这个大账的结局如何，是李佛摩尔，还是功成身退？我给自己 30 年时间去交易，在不到 30 岁时开始了职业化交易，目前 9 年多了，方法从来没变过，毫无悬念，剩下的 20 多年必将复制前 9 年的结果，并且复利越来越大。用 30 年做一件自己喜欢的事情，很值。所以，整个交易就变成了“我要活着，才能赚更多，复利的力量才能越来越大”。

几乎所有人的目标收益率都远大于年化收益率 50%，恨不得一月翻一倍，一年几百倍。不切实际的幻想将引导你走进魔窟。从全世界来看，做到长期年化收益率 50%以上的有，做到长期月化收益率 50%的没有，长期年化收益率 50%的方法多的是，但长期月化收益率 50%的方法不存在。追求不存在的东西，不可能成功。1.5 的 30 次方，等于 191 751 倍，就是说，保持年化收益率 50%的速度，做 30 年，资金翻滚 191 751 倍。初期投入 10 万的话，30 年之后就是 190 亿。据我所知，做到的人没有一个。这是一场修行，是自己与自己的约定。

选择太多，迷惑心智。几十个品种、十几个周期、*N* 多理论技术方法、长线中线短线超短线、仓位忽大忽小、做盘断断续续等，都导致“吃肉你不在，挨打你都能碰上”。

心态和执行力取决于你的方法信号是否清晰明确。信号模糊、犹豫、若隐若现、忐忐忑忑，必定心态不好，必定无执行力。模糊的信号就是凭感觉做盘，谁都做不到凭感觉赢钱。

每个人都必须经历推倒重建，再推倒再重建的过程，反复几十次才可见效。重要的是，在此期间，不要把子弹打光，否则练成神枪手也无弹可发。

多空资金的较量，必然在 K 线图上留下痕迹，这就是交易的唯一依据。多方胜了，我就跟多；空方胜了，我就跟空；双方不分胜负，我就看戏，坐等结果。一双眼睛，明察秋毫，不需要大脑思考。他们的较量和思考毫无关系，一切就在当下的倾听和欣赏中。

倾听的方法就是看“高低点”：“新高不新低，多”“新低不新高，空”“不新高不新低，盘整”“又新高又新低，V 反或者盘整”。此四句话打遍天下无敌手。这就是客观规律，人性不变，图形就不会变。

3.4.3 不要乱开仓、乱止损

顺着一条大均线的方向，那就是中长期大势观。100 亿资金也难奈何它，主力们就顺着它操盘。

1. 未来走势如何取决于现在发生什么

一个系统必须包含止损止盈，我的也不例外。止损不能白止，要在大概率的地方尝试开仓，止损才有价值。如果没到止损点，就要尽量拿住，拿到反转，半途而废又去开仓将面临更多风险问题。在规则内，拿着盈利单风险很小。

总体来说，一是等待可以开仓的信号，二是等待可以平仓的信号。等待的过程本不应赔钱，但是大部分人都是等着等着钱就倒腾没了。每一单就要拔刀见血，要么是市场的，要么是自己的，别稍微波动一下就不敢持仓。永远不要倒腾赚小钱，得不偿失，能决定全局的是拿到该拿的大波动，要从一个起点拿到终点，提前下车的话，就是“经常盈利，总体亏损”。很多年前就证明了，倒腾小钱的念头非超级高手不能有，成活率极低。

突破开仓，错了止损，对了拿着。

有朋友问我某个股票的走势怎么样，我都是很无奈。正因为级别的问题，所以谈论具体走势是没意义的。你看的级别，我看的级别，他看的级别，都不同，就像同一台电视机，频道不同画面也不同。坚持按同一个级别看，胜率很高，盈亏比很高，所以一个幅度区间的级别可以简便地看成一个级别。高手操盘时要看多个级别之间的关系，多级别联立。一般看一个级别就可以稳定盈利了。

2. 趋势跟踪交易

能预测未来的是当前的价格，而不是投资者。几乎所有成功的交易者都使用趋势跟踪策略进行交易。一切长期稳定盈利的操盘手，都在遵从趋势跟踪，唯一的不同是他们跟踪的级别不同。级别最重要，无级别，无节奏。

不要想挣行情里所有的钱，不要急着在短时间赚很多钱。只要专注一两个指标研究一段时间，基本都可以盈利。耐心等待属于自己的行情，不要太重视短期效益，做起来并不难。很多人做不到，是因为规则没有具体化。当一种方法连续很多天后都是盈利的，而且在大部分行情都有正确信号发出时，就要开始固化，放弃其他的技术研究，专注这一项的研究。我的体会是技术不是越多越好，而是越少越好，而且技术要越明确越好，明确到一目了然。

并不是所有的机会都是机会。交易系统之外的机会是“枷锁”，这种枷锁式的机会，要么是“你想处理的所谓回撤”，要么是“极速 V 反”。回撤是再正常不过的，极速 V 反也是一种特殊的回撤，到了你的信号，平仓就是了。想抓住所有的波动，必定是妄念，如果能抓住系统内的波动就已经收获很多了。机会只是一个信号，开仓之后，要么是盈利单，要么是亏损单，所有不符合操盘标准的机会都不是机会。分类筛选掉一些机会，是稳定盈利并持续提高的唯一途径。

一般的技术分析方法，如各种指标、波段、波浪理论，甚至江恩、神经网络等，都是从一些神秘的先验前提出发的。例如波浪理论里的推动浪 5 波、调整浪 3 波之类的废话，似是而非，实战中毫无用处，特别对于个股来说，更是没用。至于江恩理论、周期理论、神经网络之类，都是把一些或然的东西当成必然，理论上头头是道，用起来就错漏百出。那些支持位、阻力位、通道线、第三浪之类的分析，只是被庄家利用的好工具。

世界金融市场的历史一直在证明，真正成功的操盘者从来都不预测，他们都有一套操作原则，按照原则就是最好的预测。所有的操作其实都是不同分段边界的一个结果，只是每个人的分段边界不同而已。因此，问题不是去预测什么，而是确定分段边界。边界条件分段后，就要确定一旦发生哪种情况就如何操作，也就是把操作也同样分段化了。把所有情况交给市场本身，让市场当下选择。

“经济学”和“交易学”根本不是一回事。经济学研究价格波动的因素和原因，涨了找涨的原因，跌了找跌的原因，还经常预测价格下一步怎么走。交易学研究价格波动的规律，不涉及波动的因素和原因，只根据波动做差价。

3. 等待机会

做交易就是对众多机会的筛选，所谓机会就是“突破”，就是开仓、平仓的依据。机会分为可做和不可做。市场永不停息，制造着无数的机会，而你不需要参与所有机会，因为机会是有大小的，或者说机会是有级别的，最根本的说法是：机会的级别取决于走势波动的级别，类似于无级变速。其实，所有机会都可以参与，只不过略小的机会做不出差价，导致亏损的概率较高，得不偿失。不可做的机会永远都不要做，除非变成了可做的机会。可做的机会是被筛选出来的，是大概率赚钱的机会，概率大并不意味着全对。

把走势图打开，找出你认为历史上最差的时期，看看你的方法在那个时期会发生什么。如果你仍然能成功，那么恭喜你，你的方法合格了。每个人的方法都有缺陷，只是程度不同，不存在完美无缺的方法。就算未来几年走势图不太漂亮，抗击打能力强的方法其生命力也强。趋势、盘整都是走完才能看到的现象，事前事中谁都不知道。所以，对方法最基本的要求就是不能事前区分趋势和盘整。

假设不考虑手续费，胜率为 50%，盈亏比为 1，那么长期做下去不赚不赔，属于中性状态；如果胜率不变，盈亏比提高一点，那么长期做下去稳赚不赔；如果盈亏比不变，胜率提高一点，那么长期做下去稳赚不赔；如果胜率、盈亏比都提高了，那么长期做下去就是暴利。显然，能不能赚钱取决于这两个因素，这两个因素的背后是三个动作：开仓、持仓、平仓。这三个动作的背后是四个介于精确和模糊之间的取舍：位置、数量、次数、误差。总结一句话就是：在哪些位置、每次开多少数量、持仓到哪些位置、坚持开多少次、总体执行力度的误差都要在理论允许的范围内。

有一些正确的废话：逢高做空、逢低做多、顺势而为、以小搏大、轻仓、止损第一、见好就收、不要贪婪。虽然是正确的，但难在执行，因为没有细化成方法。

把理论转化成行为方式，并且能达到理论效果的能力，就是悟性，就是智慧。懂“顺势而为、以小搏大、轻仓止损”的人太多，能把这个理论转化成具体行为方式的人就少了，进而能达到理论效果的人更是少之又少。理论就那么几句，早就是公开的秘密，所以说到底还是悟性和智慧的较量，而不是理论的较量，也不是技术和方法的较量。

凡是预测市场的人，都进不了稳定盈利的行列。分析是披着外套的预测，比预测更危险。分析完，还是凭感觉选一个而已，自己骗自己罢了。分析、预测是亏钱的根源。不理智的根源是没有方法，但是有了方法，不坚信，疑神疑鬼，还是相当于没有方法，而智慧远远大于方法。交易员用成交量来预测是非常危险的。量无任何意义，只看价格就可以了，心中无多空，眼中只有信号。

小周期赚得多，难度也大，要根据自己的实力来选择。如果喜欢做小周期（短线），就必须吃透一些东西：价格滑点、高频秒杀、场内交易员努力触发止损、价格优先、时间优先、平仓优先等，关键是你的策略是否盖得住它们。这是小周期的拦路虎，恰是大周期的润滑剂。

几乎所有失败的交易员都是因为方法换来换去、品种换来换去、操作周期换来换去。因为人性不变，行情波动的规律几百年来也不变。按照一个被验证可行的方法去做即可，风险通常来自于胡乱操作。

不必过多强调“执行力，心态”，本质上缺的不是执行力，而是如何执行（缺少操作规则），有了规则就好多了，到位就做，不到位就不做。

不交给市场足够的学费，这些规则是学不会的，交多久才能学会要看悟性和纪律。世界上不存在大师，只是他们掌握了概率优势；世界上不存在盘感，只是对走势的动态分类而已。

赚钱的根本不在于精准的买卖，而在于合理的持仓，然后等待。合理的持仓在于概率优势，一切的一切都是概率优势。

找理由做多+找理由做空=稳定亏损。多空不需要理由，看图下单即可。人们往往是主观上想做多或做空，然后找支持自己观点的理由。唯有放下主观，听从行情的安排，方可走上光明大道。

坚守持续一致性！如果你想实现持续一致性的结果，那么理解和控制你对市场的认知是最重要的。那些为了追求内心满足而今天“偷一个短”、明天“偷一个短”的交易者，被“剁手”只是早晚的事情。

市场是中立的，不会控制我们解读信息，市场也不会控制我们的决定和行动。是价格在影响需求，反过来交易者在时时刻刻影响着价格，也是价格在制造新闻，又对价格产生影响。

3.5 持续盈利的基础

持续盈利的基础是长期坚守“一致性”。

3.5.1 我的交易格言

下面这 5 条是我的交易格言。

（1）价格波动的规律可知，但是过程和细节不可知，所以只能靠概率优势。

（2）概率优势的取得靠一致性的信号、仓位、标的。

（3）获利回吐、盘整止损确实很难执行，但这就是成功路上的常态。心理不过关的人坚持不下来。

（4）坚持做到以上三条，悟透以上三条，来去自如，必定做成。

（5）坚持执行，看着像傻瓜，但是过几年，你可能就是笑到最后的人。

无论怎么做，都会有亏损的情况发生，除非你不做。我们看的不是某一次，而是总账。任何商业活动都有盈利模式，交易也是商业活动，必有其盈利模式。我认为交易的盈利模式就是：用自己的交易系统盈利、亏损，但是交易系统有一个盈亏比（必须大于 1），所以市场会给我更多。这是一个滚动前进的模式，以战养战，良性循环。

在市场中有了好的交易系统就一定可以赚钱吗？其实很多非常简单的技术方法，理论上都是可以赚钱的，这其中有几个重点：

（1）是否能长时间精确量化的执行。比如海龟法则是公开多年的交易系统，但到目前为止能拿它赚钱的人很少，这是为什么？就是因为对交易系统的亏损期认识不足，对交易的理解有偏差，在交易过程中心理节奏控制不好。

（2）头寸管理混乱，有很多朋友自认为有一个好系统就可以赚钱了，其实这是大错特错，我个人认为交易技术或交易策略只占交易过程中不到 10%的作用，重点是在交易执行过程中头寸的控制和交易心理成本的维护。

有些斤斤计较的人，只要出现一次亏损就承受不了了，就不做了，等到又观察一段时间后觉得系统还不错又进入了，结果又遇到亏损期，又不做了，该亏的时候一点没少亏，该赚的时候自己离场了。这是运气的因素还是个人心理问题？无论用什么方法，市场中能长期稳定盈利的都是思想单纯、个性豁达、心无旁骛、静如止水的人。个人多年的职业交易经历证明：太聪明的人不适合做交易。

3.5.2 掌控自己的准则

在同一时间点持多单是对的，持空单也是对的。不然的话，怎么能找到对手盘呢。既然能成交，说明有做多的，必有做空的。股票有买的，必然有卖的，买的人认为卖的人傻，卖的人认为买的人傻，其实都不傻，个人的标准不同而已。

关键是你的标准是什么，标准就是规则。

规则的制定涉及资金量和操作级别。

美国一位大师说过三个原则：一是资金安全；二是一以贯之；三是做好前两条，等待上苍的嘉奖。

（1）资金安全。如果你有明确的规则，交易时段的突发事件不必担心，按规则杀进杀出即可。关键是收盘之后的黑天鹅怎么办？这就需要考虑夜间留仓问题，按杠杆比例算一个安全的留仓比例。

（2）一以贯之。就是持续一致性的规则，按明确的信号执行。

（3）等待上苍的嘉奖。做好前两条，时间复利的奇迹必定会出现。

持续一致性的规则没有标准答案，一切都是根据自己的理念、资金量设计出来的。

从长期的交易结果来看，不同的规则其资金收益率肯定会有差别。收益率大的，当然更符合价格走势，这就是理念上的优势。

交易就是交易你的理念，具体到开仓点也是理念的产物。所以，不能死扣应该哪个点位开多，哪个点位开空。多空都对，价格是连续走的，这个“连续”会产生很多变化，只有规则才能应付价格变化。

1983 年，在新加坡海龟农场，两位著名交易员 Dennis 和 Eckhardt 有了分歧。Eckhardt 说，交易员是天生的；Dennis 说，就像这一大缸海龟一样，交易员可以培养。Dennis 说：“我不在意任何人公布我的法则，因为没人会坚持照做。恪守规则才是我的秘诀。随便哪个交易员恐怕都能创造一套交易系统，盈利能力跟我的差不了太多。但是，绝不是随便什么人都敢坚持这套系统，直面惨淡的市场。”

这才是真正的命题！

作为海龟交易员，历史给了他们安全感。他们知道要赚一次，该赔多少次；他们知道要交易 20 年，得承受多少腥风血雨。

概率保证盈利，同时也帮助人们克服了内心的恐惧。空谈悟道是没有用的，没有方法的支撑，一切流于形式。

不是任何人都可以成为优秀的交易员，成为优秀的交易员需要与生俱来的“悟性”和“性格”。

3.5.3 明确的头寸管理

无论是过去，还是现在，或是未来，我一直认为：在合理仓位头寸的管理之下，绝对不会出现趋势跟踪交易系统死亡或失效的问题。

为什么我会这样笃定？还是那个最简单的道理，无论你认为趋势是随机产生的，还是有规律产生的，这都不重要，重要的是趋势一定会在未来某一个时期或多或少出现，这就足够了。震荡行情永远只会产生不高于 50%的盈利可能性，只有趋势行情才有可能产生大于 50%的盈利可能性。现在问题来了，我们该如何抓住趋势行情的机会？办法只有一个：等待。

在没有切身利益的前提下每个人都会“理解”系统回撤或亏损是交易的必然规律，都会坦然面对，但是一旦与切身利益息息相关，没有几个人会在系统回撤的时候理解什么是“亏损期”，大家脑子里只浮现出两个字“亏损”。

所有人做交易的目的只有一个，那就是赚钱，既然赚不到钱就没有继续做下去的理由了，有的人离开，有的人观望，有的人减仓（减到对自己根本没有任何意义的仓位），这些因素构成了顶尖交易者傻等的动力和源泉。当大家都认为趋势跟踪的交易系统慢慢失效的时候，只有在这个时候趋势出现的机会或概率才会慢慢增加，甚至有可能出现趋势行情的多空轮换效应。

现在问题又来了，为什么大多数人等不到这个时候，而我们又凭什么能等到呢？那就是，合理的头寸管理。只有在合理的头寸管理下才有可能等到这个时候，这里面有两层含义。

（1）为了应对未来的各种不确定性，不要把所有鸡蛋都放在一个篮子里，因为篮子说不定什么时候会出现问题。比如，我目前只做成交量最大的前 10 个期货品种，这里涵盖了农产品、工业品、建材、金属、矿产等，这些期货合约同时出问题的概率很小。并且我把资金平均分配到这 10 个品种里，同时也是坚守仓位的一致性。

（2）轻仓操作。无论你拥有一套什么样的交易系统，在交易中一定要随时想到最坏的可能性。这里说的轻仓，是在严格的仓位管理一致性原则上进行的，把仓位控制在自己能承受的范围内，超出了这个范围，再强大的内心都无法驾驭资金剧烈波动带来的恐惧感。我建议大家把期货仓位控制在五成以内，股票可以稍微高一些。

交易市场不存在一夜暴富，交易不是靠暴利赚钱的，而是靠精确量化的交易系统通过交易者高效率的执行，在每一次交易中控制风险，不断累积利润而来的。

第 4 章

K 均交易法的使用技巧

所有交易从本质上来说都是一样的，无论股市、期市还是现货，基本交易方法都相同，这里使用的演示品种是上海期货交易所的螺纹。为了数据统计的连续性，采用的螺纹指数从上市开始 2009 年 3 月 27 日～2016 年 3 月 27 日，共 7 年。此处画图统计采用的软件是“文华财经 8 赢智 64 位”，所有交易软件类似，此处不做推荐。

操作级别：1 小时。

均线设置：30～150，150～750。操作线为 150。

4.1 K 均交易法中规则的交易演示

这些图里带边框的为盈利单和亏损单，旁边标有三角号的是亏损单。期货多空都可以做，而普通投资者对于股票只能做多，做股票的朋友只看做多的单子即可，或者全部看看，便于理解方法。

还需要说明的一点就是：多空连续开单。K 均交易法做的是价格的波动，不是所谓的趋势，更不是分析预测等虚幻的东西。价格始终处于趋势之中，而我们不知道价格将要往哪个方向走，所以只要单子永远在里面跟踪价格波动，就不会被甩掉。

如图 4-1～图 4-11 所示，因为此处不涉及具体方法，所以理解相应规则即可，需要说明的是，下图左侧的那根竖线是截图做标记用的，和做盘没关系，只有框线才和做盘有关系。

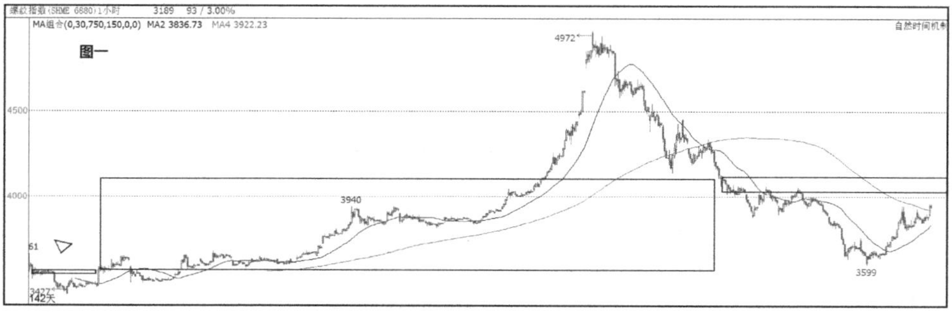

图 4-1

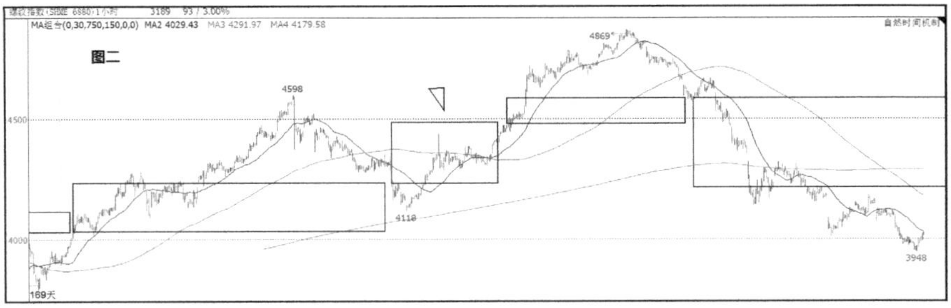

图 4-2

图 4-3

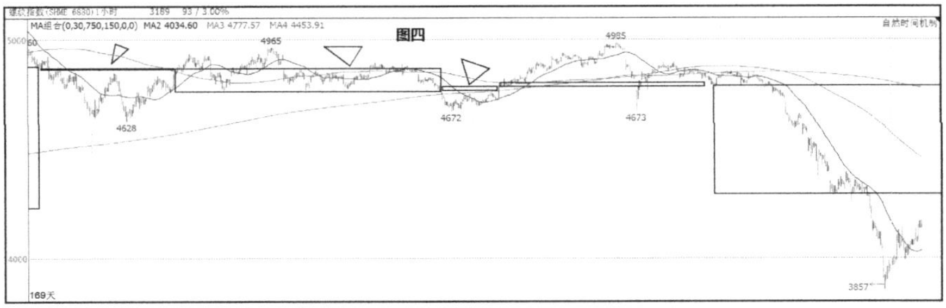

图 4-4

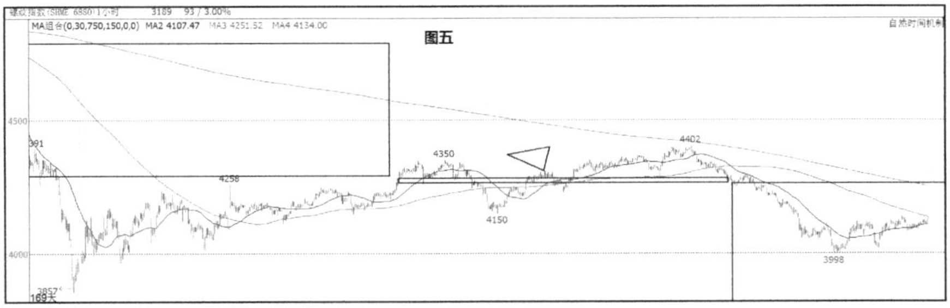

图 4-5

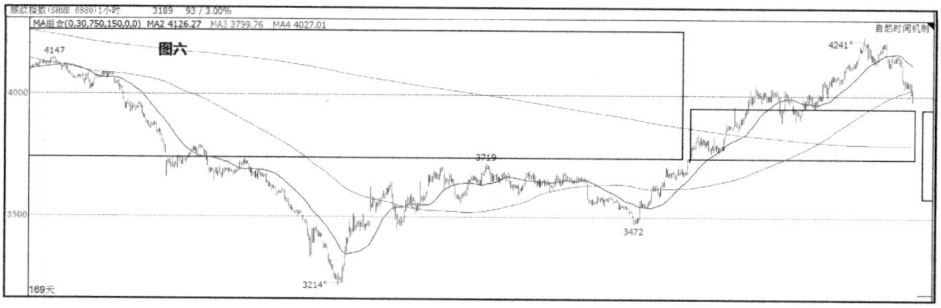

图 4-6

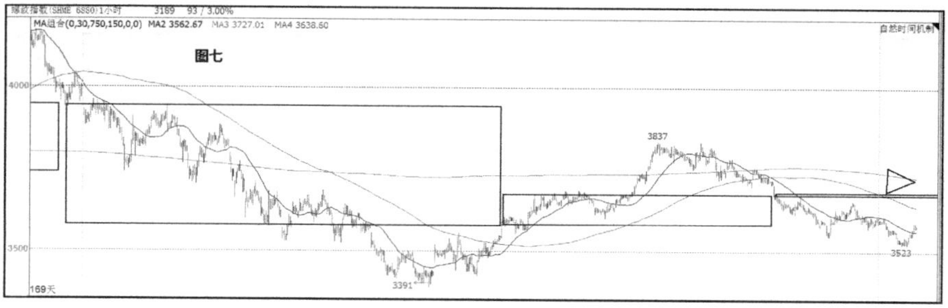

图 4-7

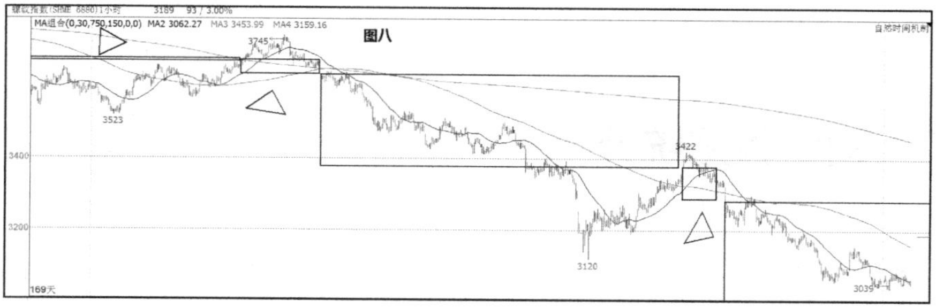

图 4-8

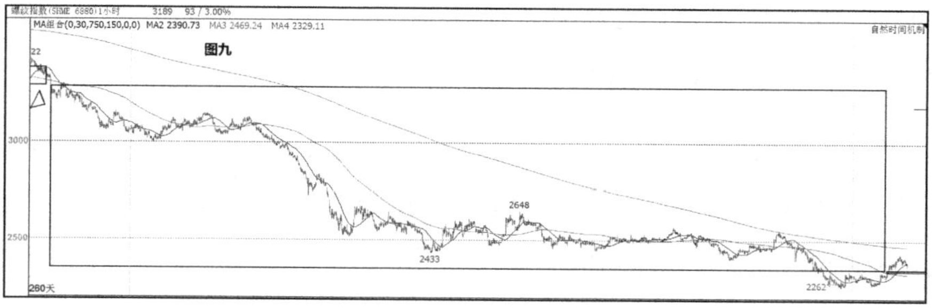

图 4-9

图 4-10

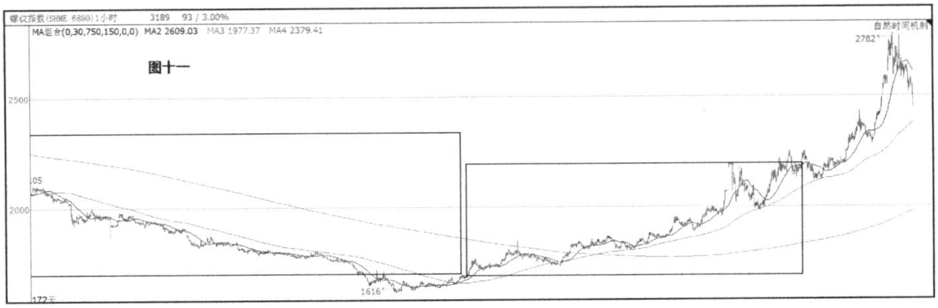

图 4-11

4.2 盈亏数据统计

统计的时候，为了方便计算，没有去除手续费。7 年才做了 26 单，手续费和这些收益相比可以忽略不计。

9 次亏损，17 次盈利，胜率 65%，最多连亏次数为 3 次，7 年翻了 308 倍，年化收益率约为 127%，如表 4-1 所示。

这是 1 小时级别的，如果是 15 分钟级别，赚得会更多；5 分钟级别，赚得还要更多。周期越小，越复杂，赚得也越多。当然还得考虑 K 线柱子的容量问题。总之，根据自己的实际情况操作。

表 4-1 交易统计表

P13 fx 7年308倍。年化收益127%

A	B	C	D	E	F	G	H	I	J
上期所螺纹指数，一小时周期操作级别，K均交易法盈亏统计表（从上市以来2009/3/27--2016/3/27)共7年时间									
初始资金量		资金管理始终7成仓		每手合约占用资金		首次可开仓数量			
20万		14万		价位*10*15%		14万÷（3540*10*15%）=26手【零头采取四舍五入】			
说明：本次统计表采用的均线设置30--150--750，一小时级别，三级别联立【开单：明显突破+收盘价】									
日期	序号	开仓方向	开仓数量	进场点位	离场点位	盈亏差价点数	盈亏金额	现结余资金	可再开仓数量
2009-3-27	1	空	26	3540	3568	-728	-7280	192720	25
2009-4-14	2	多	25	3568	4127	13975	139750	332470	38
2009-8-31	3	空	38	4127	4030	3686	36860	369330	43
2009-11-9	4	多	43	4030	4295	11395	113950	483280	53
2010-1-22	5	空	53	4295	4471	-9328	-93280	390000	41
2010-3-10	6	多	41	4471	4581	4510	45100	435100	44
2010-4-28	7	空	44	4581	4228	15532	155320	590420	65
2010-7-30	8	多	65	4228	4868	41600	416000	1006420	96
2011-2-25	9	空	96	4868	4873	-480	-4800	1001620	96
2011-4-6	10	多	96	4873	4764	-10464	-104640	896980	88
2011-6-17	11	空	88	4764	4785	-1848	-18480	878500	86
2011-7-4	12	多	86	4785	4794	774	7740	886240	86
2011-8-29	13	空	86	4794	4282	44032	440320	1326560	145
2012-1-17	14	多	145	4282	4279	-435	-4350	1322210	144
2012-4-23	15	空	144	4279	3740	77616	776160	2098370	262
2012-12-14	16	多	262	3740	3899	41658	416580	2514950	301
2013-3-4	17	空	301	3899	3580	96019	960190	3475140	453
2013-7-3	18	多	453	3580	3673	42129	421290	3896430	495
2013-9-13	19	空	495	3673	3676	-1485	-14850	3881580	493
2013-12-2	20	多	493	3676	3638	-18734	-187340	3694240	474
2013-12-20	21	空	474	3638	3370	127032	1270320	4964560	687
2014-4-4	22	多	687	3370	3280	-61832	-618320	4346240	618
2014-4-18	23	空	618	3280	2362	567324	5673240	10019480	1980
2015-4-23	24	多	1980	2362	2382	39600	396000	10415480	2041
2015-5-13	25	空	2041	2382	1694	1404208	14042080	24457560	6738
2015-12-17	26	多	6738	1694	2247	3726114	37261140	61718700	
					2016-3-26				

想做好，就得多画图，多统计。否则，只能是纸上谈兵。我当年起步的时候，把能看到的 K 线图基本都画过，所有周期都画过，把实盘能遇到的状况基本都掌握了，做起盘来才能轻车熟路。

4.3 提高自身交易水平的关键 9 步

有些事情看上去很容易，做起来却很难，交易就是其中之一，而股票和期货是常见的金融产品。

4.3.1 人生与交易的四大境界

人生的四大境界：不知道自己不知道、知道自己不知道、不知道自己知道、知道自己知道。

在“自己”前面的“知道”或者“不知道”是指人对于自我水平的认知，称为“自知”，就是有自知之明的“自知”。在“自己”后面的“知道”或者“不知道”是指人对于外物的认知，这个通常称为“知识”。

“不知道自己不知道”的意思是，连自己知道或者不知道，都不知道，糊涂到极点了。

“知道自己不知道”的意思是，知道自己的能力范围，有自知之明，不做能力范围外的事。

“不知道自己知道”的意思是，对于某个知识领域自己已经有一定的驾驭能力了，可是自己没有意识到自己达到那个水平。这就是到了茅塞顿开的临界点了。

“知道自己知道”，这就是已经茅塞顿开，知其然也知其所以然。

4.3.2 做交易的第一件事

知道了 4 大境界，那么怎么利用到交易中。换句话说，做交易的第一件事又是什么？买、卖还是其他？

都不对，我认为第一要务是鉴别行情的拐点。

你知道哪儿是行情的拐点，你就能迅速地采取相应的措施进行操作，从高向低方向走，则提前将手中的筹码抛出；从低点向高点走，则可以提前布局，获取更大的利润。那么怎么鉴别拐点呢？又有什么方法和技巧吗？

4.3.3 怎么鉴别拐点

用价格的高低点鉴别拐点。高低点是怎么产生的不重要，重要的是高低点是牵引人性、激发人性的东西。更重要的是，高低点能包含未来，不需要预测，高低点已经把答案写出来了。

4.3.4 怎么画高低点

高低点是分级别的，类似于俄罗斯套娃，一层套一层，所以我们要用均线辅助来画高低点，一条均线代表一个级别，顺着均线画同级别的高低点，分清高低点的层次性。

4.3.5 为什么要“动态”地看盘

看盘是一个“动态”的过程。做盘，不能模糊，到位不到位很明确。做盘如同射击，瞄准一个点，才能打一个区域。拐点虽然是一个点，但是对于交易者而言，它就是一个区域。周期不同，高低点不同。点位不变是客观的，做法是主观的。主观的方法如果符合价格客观的波动规律，又坚守了一致性操作原则，那么又变成了客观的。新的高低点生生不息，旧的高低点死死不息。

要用发展的眼光看高低点，不能死抱着一个不放。有新的高低点出来，就要用新的，没有新的就用旧的。谁都不能保证自己当下画出来的高低点就是正确无误的，所以得动态地看盘，看看这个用作防守的前高前低是不是同级别的，不是的话，就要微调。比如，上涨的时候，前低是不断上移的，这就需要不断标出新的前低用做防守。

看高低点，要拿得起放得下，旧的拿着一直到新的出现就得放下了。新的不久之后又会变成旧的，做盘的过程就是不断拿起、放下的过程。

4.3.6 初级阶段——单级别

用一个级别操作。

第一步，选择适合自己的周期，即操作级别，建议新手从 30 分钟起，老手也不能选择太小的级别。

第二步，选择一条适合自己的操作线，比如选择操作线 150。一条均线代表一个级别，长期固定操作级别，固定操作线，很关键。化变数为定数，这样才有概率优势。练习准确画出同级别的高低点。

第三步，上涨的回撤明显突破了前低，就做空。下跌的回撤明显突破了前高，就做多。

一直这样去练习，把盘面上能看到的 K 线图都画一画，这才是进步的基础（见图 4-12），有了这个基础，才能掌握两级别联立。如果想掌握 K 均交易法的话，初级阶段的基本功谁都不能偷懒。从看懂方法到顿悟可能只是一瞬间，修炼自己的心性到一致性地执行却需要一辈子。不要空有赚 1 亿的野心，却只有 1 天的耐心。

图 4-12

4.3.7 中级阶段——两级别联立

两级别联立要用好那 10 种完全分类，下面给出最关键也是最复杂的 6 种。需要注意的是，连续用小线 30 的次数最多两次。上涨后的第 1 种标准型如图 4-13 所示。

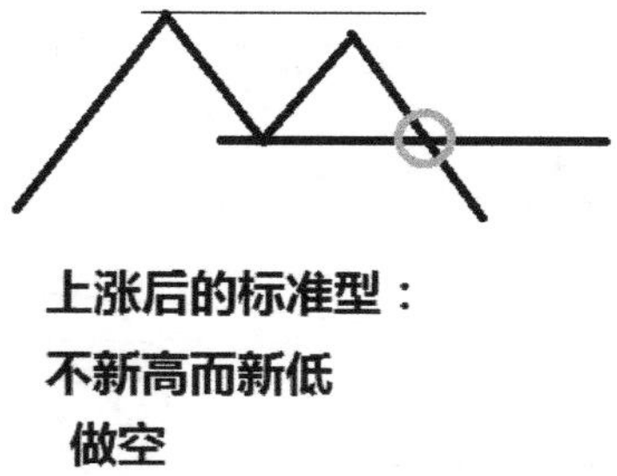

图 4-13

图 4-14 所示是上涨回撤突破前低之后的 3 种情况。

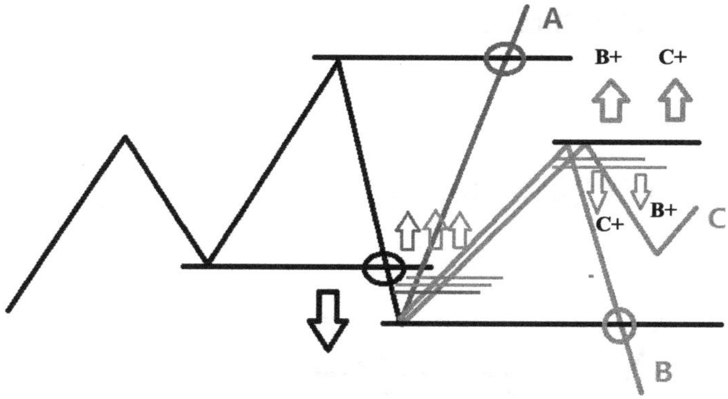

图 4-14

如果 A 发生了，就进入初始状态，等待新的高低点的产生。如果 B 发生了，就等待上面那个绿色箭头（B+）止损或者翻多，然后进入初始状态，等待新的高低点产生。如果 C 发生了，就等待上面那个蓝色箭头（C+）止损或者翻多，然后进入初始状态，等待新的高低点产生。

图 4-15 是做多情况下变盘的第 5 种情况。

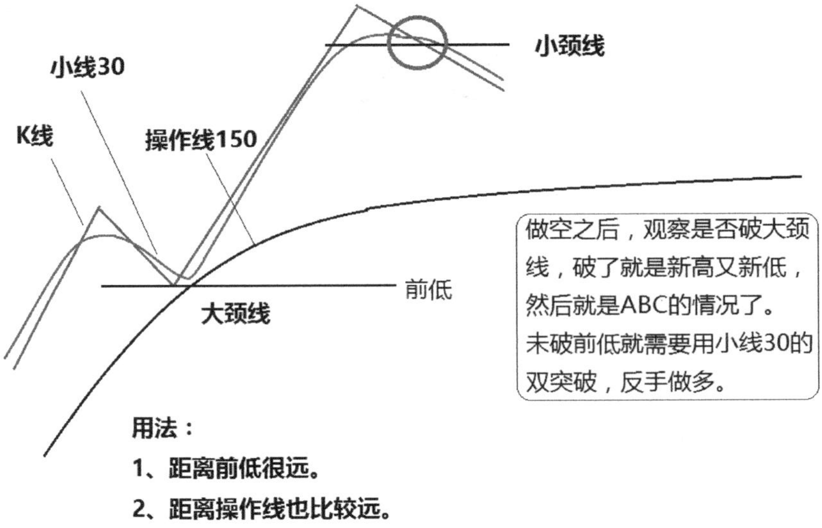

图 4-15

下跌后的第 1 种标准型如图 4-16 所示。

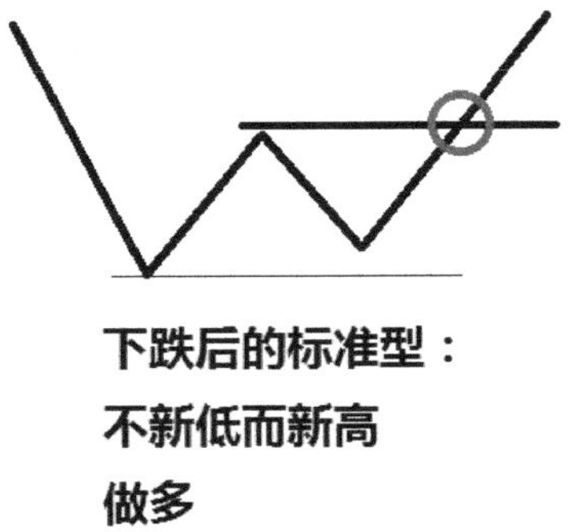

图 4-16

下跌途中新低又新高之后，发生的 3 种情况如图 4-17 所示。

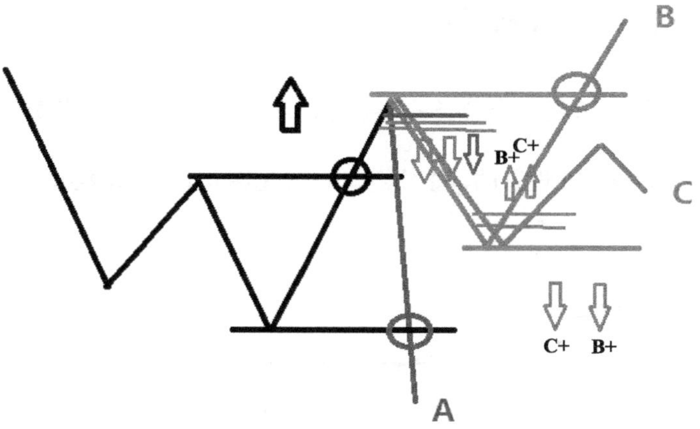

图 4-17

如果 A 发生了，就进入初始状态，等待新的高低点产生。如果 B 发生了，就等待下面那个绿色箭头（B+）止损或者翻空，然后进入初始状态，等待新的高低点产生。如果 C 发生了，就等待下面那个蓝色箭头（C+）止损或者翻空，然后进入初始状态，等待新的高低点产生。

图 4-18 所示是做空情况下变盘的第 5 种情况。

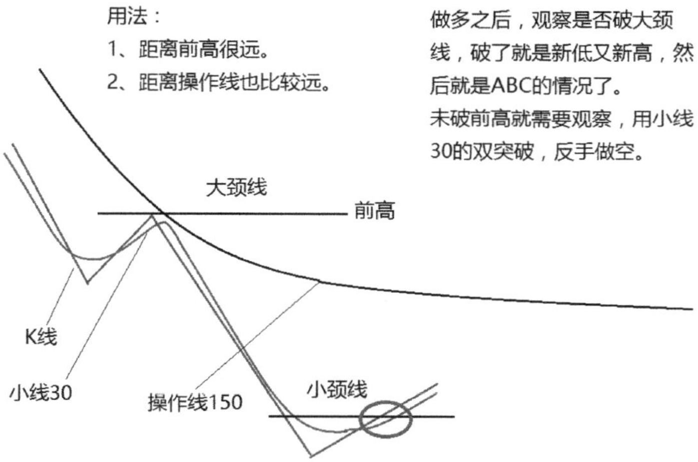

图 4-18

4.3.8　高级阶段——三级别联立

三级别联立在用好 10 种完全分类的基础上，还可以有 4 种补充分类。

两种是依据操作线 150 设置的，多空各一种（见图 4-19 和图 4-20 所示）。

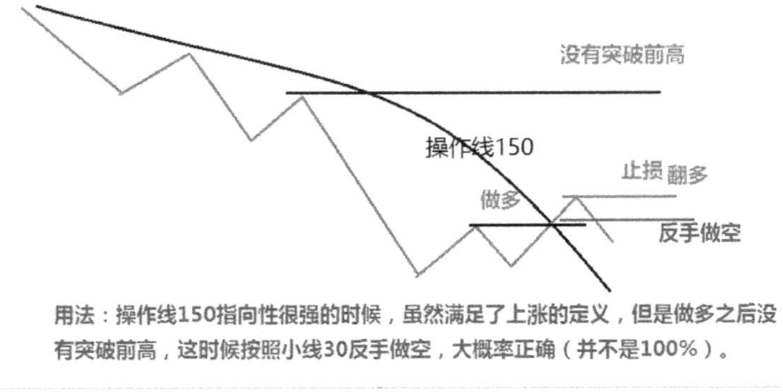

图 4-19

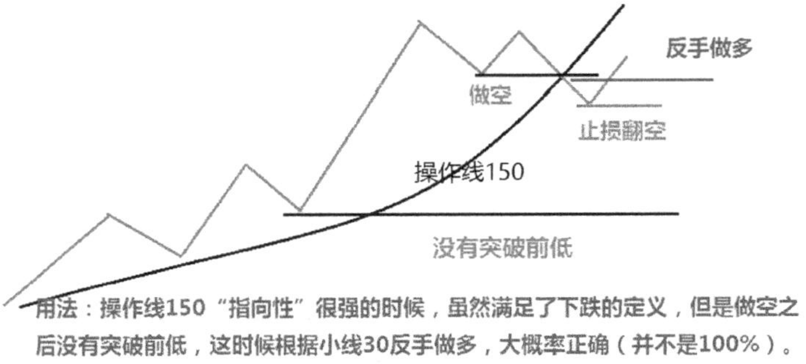

图 4-20

另外两种是依据大线 750 设置的，多空各一种（见图 4-21 和图 4-22 所示）。

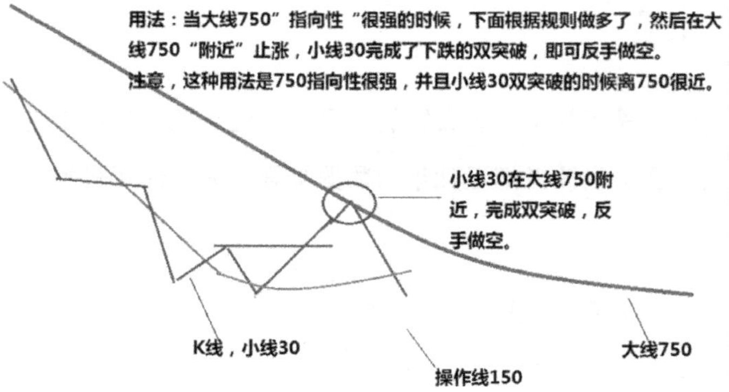

图 4-21

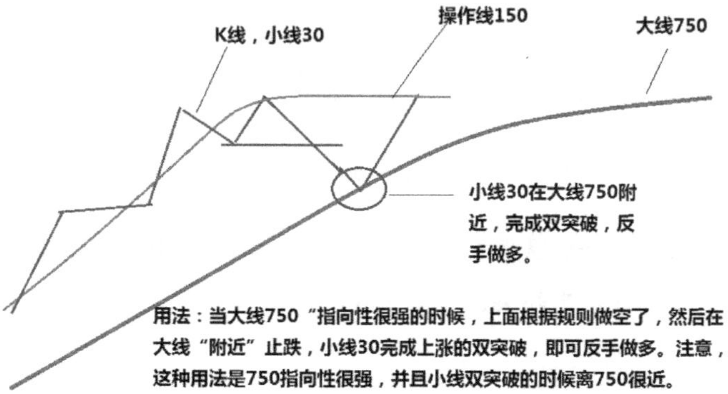

图 4-22

这样，两级联立的 10 种加上三级联立的 4 种，共 14 种。

这 4 种太精细，驾驭它需要很强的基本功，初期不懂问题不大，在两级联立的基础上完全熟练了，才可能用好，否则就是乱做。

用好了两级联立就行了，也就是 30～150 操作线和 10 种完全分类，足以应对股市中的各种情况。

这里提示一下，补充的这 4 种分类，看的是方向和大局。真正掌握了两级联立操作，自然而然就懂了三级联立的情况。

4.3.9 修成正果

每个成功的交易者都是百炼成钢的，没有画过足够多的历史走势图，根本不可能稳定盈利。我建议读者把近几年的数据都画出来。然后模拟，模拟通过了再实战。

不按照这个顺序来，会多付出很多代价。

4.4 长期横盘震荡、假突破

如何面对“反复横盘震荡、假突破”等走势？先让大家猜一个谜语。

谜语：水盆里，按葫芦（打一四字成语）。

葫芦比较轻，放在水盆里会漂浮在水面上，若按上部分，下部分就会翘起来，反之也是如此。总是一头起来，一头下去。

谜底：此起彼伏。

是的，盘整、趋势就是水盆里的葫芦，牵一发而动全身，不能单独割裂开来，必须从整体层面去解决，下面详细介绍。

4.4.1 趋势的把握

人人都知道趋势很重要，人人都想追逐和把握趋势，但在现实交易中，真正能够发现趋势并利用趋势来获利的投资者少之又少。

在趋势不明的情况下，我们盼望趋势的来临，然而当趋势真正形成之时，我们仍然一无所获。从表面上看，趋势对我们很重要，然而在具体交易时又难以利用趋势，趋势似乎毫无价值，这是为什么呢？我们应该如何理解和利用趋势呢？

很明显，抓不到趋势不是人的错，因为趋势就像空气一样，无处不在！不只是盘面上的趋势，就是生活中的趋势也是无处不在，而又很难抓住。谁能想到在 20 世纪 80 年改革开放之后，摆个地摊就能赚第一桶金，进而做大做强？广东、温州等地的很多老板都是这样起家的。谁能想到电商能做这么大？当年的第一批淘宝店主很多都成了富翁。谁能想到腾讯的股票这十几年翻了这么多倍？有一个腾讯员工，发了工资每个月都买上一点，目前也身价不菲了。

4.4.2 交易的本质

我们回到交易上来。

所谓盘整、趋势都是作为行情的观察者给价格的波动起的名字。本质上“盘整＋趋势”也是一种完全分类，因为价格的波动只有两种状态：盘整、趋势，但是这种分类很笼统，不具有操作的意义，并不能在做盘时给交易者有效的指导。

那怎么办呢？

前面我已经说过，方法就是分类。

试想一下，“10 种完全分类”为什么不直接叫“10 种分类”？

完全分类的意义，就是在两级联立的时候，只有这 10 种可能，没有别的了。掌握了这 10 种可能性，就掌握了两级联立所有的可能性，就是把价格的所有变化在两级联立里进行了“完全分类”。

既然已经进行了完全分类，就没有例外了。也就是说，不管趋势、盘整都可以在这“10 种完全分类”里找到，按图索骥就行了。

我在分类时严格按照 K 线的波动规律，把所有可能性都包含在内了，不存在例外情况。也就是说，K 均交易法的 10 种完全分类和市面上的笼统分类“趋势”、“盘整”是并列的，都能对价格的所有可能走势完全描述，但是 K 均交易法的完全分类更能简单明了地告诉交易者，此处做多还是做空，此处到位还是没到位。一切都是规则化的，如果你的电脑编程能力很强，可以把 K 均交易法写成电脑程序，让电脑去自动交易。“趋势+盘整”的分类却不能写成代码，因为这是很笼统的分类。

价格的波动是分级别的，因此可以利用均线辅助我们判断 K 线同级别的高低点，然后通过单级别、两级联立、三级联立等来解决问题。

行情走得很顺的时候，谁都会做，拿着不动即可。我知道很多人都在纠结：反复横盘震荡怎么办？假突破怎么办？反复穿越均线怎么办？大家掌握了 K 均交易法，这些就不再是问题。因为通过对 K 线波动规律的认知，绕过了这个令无数英雄尽折腰的难题，我们用 K 线高低点的排列规律，重新对行情进行了分类，并且该分类简单易懂，便于操作。

这里再重复一遍：高低点是包含未来的，只需要关注高低点的排列，不需要关注高低点之间发生了什么。上涨看回撤是否破前低，下跌看回撤是否破前高，这么处理，就是大道至简。所谓盘整、趋势都是人们主观的概念，做盘的时候，这些概念就是障碍。我们不必区分趋势和盘整，因为这本质上是一个东西，所谓盘整，在更大周期去看的话，就是趋势的一部分；反过来说，你看到的一段趋势，在更小周期去看的话，就是由一个个盘整组成的。既然这个“趋势+盘整”的路子走不通，为何还要在这个维度里浪费时间？

纠结“盘整+趋势”的人，都应该跳出这个怪圈，不只是你搞不定“盘整+趋势”，世界上本来没有人能搞定。因为这是分类方法出现了错误，而不是人的能力问题。

4.4.3 止损对吗

有人说“止损永远是对的”，这句话太极端了。我听一个期货公司的内部人士说过一个统计数据，大部分客户都是频繁止损“死掉”的，另一部分客户是死扛“完蛋”的，还有一小部分客户打酱油，一小部分客户赚大钱。

我的观点是：止损必须是“有效止损”，否则这个止损就是胡乱止损，达不到止损的意义。

什么叫有效止损？先探讨一个问题：我们止损为了什么？是为了保护自己的本金。我们为了尽可能地跟随价格的波动，而不伤害到本金。

我认为 K 均交易法的止损是非常客观的止损。因为我们没有主观地用自己想出来的比例（比如 10 个点止损、20 个点止损）来止损，我们是根据 K 线波动出来的前高前低进行“止损+止盈”，前面讲过多次，前高前低都是“包含未来”的，这都是大资金博弈出来的结果，前高前低就是大资金的进攻防守位置，我们跟随价格的人就靠这个能包含未来的前高前低去做盘，而且永远有效。这样，我们能让止损止的有意义、有价值，即有效止损，绝不能让本金“死得”比鸿毛还轻。我们不怕止损，怕的是胡乱止损和无效止损。

可能有人会说，K 均交易法操作的时候，也会遇到反复震荡、反复穿越的情况，怎么办？不必害怕，反复震荡的时候总会有，跟着前高前低来防守就是了。

4.4.4 认清假突破

世界上不存在假突破，突破了就是突破了，没突破就是没突破。假突破之说都是分析师们说的。

假突破只能用概率性的手法去操作。所谓假突破，不就是出现了新高又新低、新低又新高这两种情况吗？在 10 种完全分类里，都有详细的操作步骤，按部就班操作即可，这也是处理假突破的最好方法。

无论怎么做，都无法避免亏损的情况出现，除非不做交易，我们看的不是某一次亏损，而是总账。如果你的交易系统（K 均交易法）经过历史数据统计是大概率盈利的，那就不必在乎其中的小部分亏损。

任何商业活动都有盈利模式，交易也是商业活动，必有其盈利模式。我认为交易的盈利模式就是：用自己的交易系统去亏损，因为自己的交易系统有一个盈亏比，而且大于 1，所以市场会还给我们更多。这是一个滚动前进的模式，以战养战，良性循环。

其实，刚开始做交易的时候，缺的是方法，做了一段时间发现缺的是思想理念的支撑，再做一段时间又发现，所有的问题归根结底都是心理问题。都是人类的共性，想赢怕输、患得患失在作怪。

深刻铭记一句话：如果你输不起，那么你也可能永远都赚不到。

一个人只有真正理解了自己的“需要”，才能知道如何真正满足自己的“需要”。做交易，我们需要的究竟是什么？我们需要的是一个具有概率优势的能稳定盈利的交易系统。我可以很自信地说，K 均交易法绝对是一个具有概率优势且能稳定盈利的交易系统。

对于盘整震荡、假突破等的处理，前面说过了，掌握起来难度也不是很大，但是很多人一生都不能入门，原因也非常简单，被贪婪和恐惧蒙蔽了心智，就成了技术上的最大障碍，导致很多人一生都不能通达。

所有能稳定盈利的人都依靠概率优势，一切都要回归到概率优势上来思考问题。

概率优势来自于多次重复，少量的几次不具备概率优势产生的基础。

保持概率优势的秘诀就是长期一致性地坚守 5 点：周期、进出场原则、品种、仓位和执行力。

概率优势最终给你的就是稳定盈利，即合理的胜率和盈亏比。所有的长期稳定亏损都是因为以上的某些环节出现了缺失。

期货多空都做，股票空单的时候出来空仓即可。所有走势都是这么循环重复的，如图 4-23 所示。

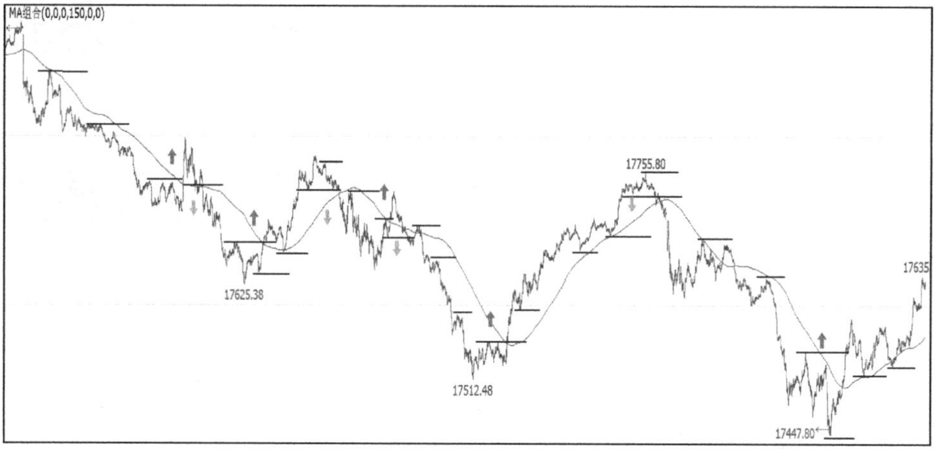

图 4-23

其实价格的波动很单调，一招就能战胜它。重要的是问问自己：能严格执行吗？

第 5 章

完善交易心法

一念觉，众生是佛；一念迷，佛是众生。

5.1 知道自己在等什么

交易是什么？我认为交易就是一场等待的游戏。在入场前没有人知道接下来会发生什么事情，可能盈利，也可能亏损。我们能做的只是两个字：等待。

很多交易者不知道自己在等待什么，我们等待的不是运气，不是胡思乱想，更不是主观揣测出来的结果，而是等待交易系统发出的每一个进出场信号。等待的过程并不是静态的，而是一个坚持交易理念的过程，在价格高低点出现以前，我们永远无法知道之后的行动是什么，这就是交易的真谛所在。

我总结的交易心法是：行情走势的规律可知，但是过程和细节不可知，只能依靠概率优势。

必须用无思考交易策略，才能赚到钱又不伤害到自己。我们用可以接受的可能损失等待一个可遇而不可求的大波动。

总账亏损的原因：

①不是行情造成的，而是你在“小局观”的指引下在“同一区域两次以上”的选择方向造成的。

②行情的发展需要时间和空间，你为了多赚一点或者少亏一点，没准备足够的时间和空间造成的。如果你输不起，也永远赚不到。

③学会放弃比学会得到更难。

④快速赚钱、大量赚钱、多赚一点、少亏一点的恶念强烈。

高手和新手在操作时的区别仅仅是对“高低点的把握”，这个把握没有绝对标准，统计完定了就是标准，关键是持续执行。现实中，新手和高手的差别很大，其差别也就是“无思考的程度”。

交易并不复杂，复杂的是人性。世界上不存在高手，只存在管得住自己“心”的人。

纪律保证盈利：

- 行情时刻都诱惑着你放弃规则。
- 任何不符合规则的行为，都是万丈深渊的第一步。
- 侥幸、完美主义、臆想是执行规则的天敌。

- 如果你选择一个拐点确认工具，那就心无旁骛地去用它，不要总感觉还有更好的。否则，等待你的将是永远无法稳定盈利。
- 尊重客观，不要把生命浪费在疑惑和恐惧之中。
- 在市场面前，人类的思考价值是负数。
- 绝不能迷信任何权威、专家、名人。
- 每一笔盈亏都要合理，市场专治各种不服。

很多人为趋势所累，所以我给出趋势的定义，供参考：趋势是相对的，趋势就是在你的操作级别里，你所选择的某走势级别的走势。也就是节奏，是你赚钱的根本依据。

谨记三条原则：第一，资金安全；第二，持续一致性地执行；第三，在前面两条原则的基础上，等待上市场的眷顾。

5.2 没有人能看懂行情

经济学是一种学说，所有学说都是可能性。宏观经济没有人能看懂，美联储调整政策也是做大概率的实验，打一针，看效果。

我个人认为证券交易界的大师级人物，桥水资本创始人 Ray Dalit，乔治·索罗斯、海龟的理查·丹尼斯等。国内的几位我就不说了。凡是只在乎宏观面、政策面的个体交易者，一般很难赚大钱。

基本面是给投资小白跑龙套用的，不然他们心里没底就不敢进场了。所以得让他们心中有底，人多了才能维持这个市场的运行。

大家想想，上证指数 2015 年 5 月份的基本面和 6 月份有本质变化吗？没有。相反，2015 年 7、8 月份的货币政策更积极了，各种项目更多了，为何市场不买账而继续下跌？

各种政策不是越来越好了吗，为什么信心不足？想彻底明白，得从心理学、哲学来讨论。价格的波动本质上是人类情绪的波动。出某个政策，有人觉得利多，有人觉得利空，其实利多、利空都是自己感觉出来的。手中有没有股票，感觉也是不一样的。

这不是玄学，更不是虚幻，这是人性。不精通人性，就不可能稳定盈利。人类文明的终极，就是人性的规律。

很多人都想知道所谓“真相”，但真相不可知。很多人想知道明天怎么走、以后怎么走、是牛还是熊，这统统不可知。不可知的根源在于人性的善变。

大家年均收益率多少算满意？有交易市场以来，稳定年均 20%属于世界顶级收益率，可是没人看得起。这么多年过去了，有谁可以做到稳定年均 20%？往前推算 5 年，如果做到的话，目前身家是多少？

财富的积累不在于大起大落，而在于匀速直线运动。善变的人一定做不到。交易做到最后，其实就是心理学、哲学范畴。

交易时，对行情的看法不能有，一点都不行，但是可以有计划。价格只有上行、下走、横盘三种。如果上行，怎么办？如果下走，怎么办？如果横盘，又怎么办？只需要按一定套路回答这三个问题，然后按照既定方针去做即可。

让价格跟着你走，而不是你跟着价格走。你不可能跟上价格的速度，价格每时每刻都在变化。

目前，我每天看盘、复盘的时间平均超过 8 个小时，这是多年的习惯，付出才有回报。最初的几年，每天看盘、复盘超过 15 个小时，练坏了几只鼠标，损失了不少钱，但走出来就轻松了。

让价格跟着自己走，不是预判，不是猜测，是让价格选择自己的方案（只有三种），而不是让自己选择价格的方案（你跟不上价格）。

交易就是守株待兔的游戏，价格在我的方案范围内随便波动都没关系，只要破了我的方案，不管这一单赚了还是赔了，立刻走人，也不要想我走了以后价格会怎样。

5.3 模拟盘的真正作用

对于新手来说，模拟盘有用吗？

有人喜欢拿模拟盘找感觉，有人直接交易实盘。拿模拟盘做练习的人，一般认为，等练习好了再做实盘。但顶尖的交易者很少做模拟盘，更不会天天拿着历史测试报告研究，因为他们认为做那些事情没有意义，从测试报告中是不可能感受到实盘的心理交易节奏。

我觉得模拟盘还是有一些用处的。虽然模拟盘的资金波动无法引起心理波动，达不到锻炼的效果，但是可以起到警示作用。假如你打算用 20 万元做某品种，那么可以去注册一个模拟账户，开始用自己的办法交易赚钱。一直赚到 20 万时，就可以去期货公司开户了。如果模拟账户没赚到 20 万，或者连模拟账户资金都赔得差不多了，那么想想做实盘的后果。

同理，对于稳定亏损的交易者来说，应该立刻停止实盘，用模拟盘赚够你想做的实盘金额，再开始实盘也不迟。慢慢你的理念成熟了，心理也成熟了，才能不折不扣地执行自己的规则。有了理念、心理、规则，一切都不是难事了。

但是，实盘资金的波动不是模拟盘可以比拟的。如果连模拟盘都稳定亏损，那么实盘必定稳定亏损。如果模拟盘做得好，实盘也不一定做得好（这里面有心理因素）。

我当年是直接做实盘练习的，希望读者能吸取我的教训。

别太在乎历史测试报告，它只会让更多的伪交易者自我感觉良好罢了，都认为自己找到了交易中的圣杯。当然这也成为很多期货公司、投资咨询公司、理财机构开发客户最有力的武器。

模拟盘做合格之后，可以拿小部分资金来练习，做实盘之后就知道什么叫“每一分钱牵动每一根神经，要用尽全部心血”，特别是用大资金的时候，如果不是循序渐进地适应百万级别、千万级别、几亿级别的量，一下子就会懵掉。没上过战场的士兵，在操场里练十年还是无法体会到那种感受。几经生死的人，才能真正学会拿得起、放得下和看得清。

5.4 不操作的内涵

交易大师们公认的一句话：不操作就是最好的操作。这句话有两层意思：一是当下按规则没有入场的信号，持币等待是最好的操作；二是入场之后如果一段时间按规则没有操作，这笔交易就是最好的操作。

盈利是等出来的，不是“炒”出来的。

不操作不等于“傻等”，更不等于“假自信”“自我麻醉”。不操作是按规则不操作。

5.4.1 “不操作”就是“最好的操作”

“中国联通”是我长线持有的品种，买入的时候价格只有 5 元多，采取的策略是“不操作”，一路持有。但有一次，妻子未经我的同意，在“中国联通”冲高的时候以 8.36 元（相当于当天涨幅 8.71%）的价格委托卖出。就在成交后的几分钟，该股被巨量封至涨停，前市收盘后“中国联通”在涨停板上的委买量为 1.3 亿股。下午，我得知以后，便在“中国联通”打开涨停逐波回落之时，以 8.26 元的“保本”价接了回来。后来“中国联通”的收盘价已在 12 元以上，给长期持有的股东以良好的回报。《浙江工人日报》也曾经报道过一则类似消息，说的是“1 年操作 3 次，高手将 10 万元变成 120 万元”的故事，该股民采取的也是长线投资“不操作”的策略。

5.4.2 “不操作”也是“最难的操作”

频繁操作很难，“高抛低吸”很难，“不操作”其实更难。特别是当大盘和个股一路上扬，甚至疯涨的时候，而你或手握现金被“踏空”，或所持品种不涨反跌被“套牢”，走出了与大盘背道而驰的行情。此时，要做到沉着镇定、坦然面对，非常艰难。“大唐发电”也是我重仓持有的品种，在 2007 年 10 送 10 除权后，上证指数一路上扬，但同期“大唐发电”在短暂上冲之后便一路阴跌，跌得最多的时候股价只有高点时的一半，“虚盈”也变成了“实亏”。对这样的股票“拿着它”“不操作”就显得很难，心态也容易变坏。现在再回头来看，你会发现，当时的持仓“不操作”其实是非常正确的，那段时间恰恰是最难“忍”、最考验投资者耐心的“黎明前的黑暗”。如果经得起当时的考验，后面将一片光明，否则前功尽弃，痛失机会。

5.4.3 “不操作”还是“要求最高的操作”

“不操作”看似无所事事，非常轻松，实际上是一种要求很高的“不操作”的“操作”。要做好这样的“不操作”，需要苦练内功。

一是要货比三家，精挑细选。长线捂股“不操作”，选什么样的品种是投资中最为关键、最难把握的地方。以往，我在选股的时候，很少考虑股票的质地，认为只要能涨就是好股票，为此吃过不少亏，付过不少“学费”。如今，在总结过去经验教训的基础上，坚持价值投资理念，把质地优良、估值合理作为选择标准，买入后便一直持有“不操作”。

二是要注意搭配，分散投资。为使投资效益最大化，不少投资者都喜欢重仓出击一只股票，但这种操作方法有利也有弊，最大的弊端就是抗风险能力比较低。一旦买入的品种出现“意外”，就容易倾家荡产甚至“全军覆没”。而且投资人在持有的时候，往往比较紧张，有时甚至吃不好饭、睡不好觉。为此，我从 2015 年开始给自己增加了一条不成文的“规矩”：每个品种建仓的时候，仓位比例不得超过总投资的 20%。这样做的好处是，可以最大限度地控制风险，防止因个股风险导致账户市值出现大的亏损。另外，在分散投资中，还要注意不同行业、不同盘子的股票的有效搭配，做到既有“大象”，又有“小鸡”，既有金融、保险，又有通信、能源等。

三是要把握买点，人弃我捡。在以往的投资中，我也常犯“追涨杀跌”的毛病。但多次深刻惨痛的教训，使我逐渐形成了长线价值投资的理念，在买股票的时候尽可能做到在大盘和个股回调的时候买，在卖股票的时候尽可能做到在大盘和个股冲高的时候卖。如我相继买入的“工商银行”、“中国铝业”和“中国联通”等股票都是在个股出现一定跌幅，一些投资者纷纷抛售的时候逢低买入的。买入后，尽管有的出现下跌（甚至大幅下跌），有的长时间盘整，甚至在大盘创新高的时候仍毫无起色，不涨反跌，但我却始终坚持紧握股票不放。事实证明，只要拿得住，最终大多数股票都会给投资者带来不菲的收益。

此外，要加强学习，做到心中有数底气足；还要降低期望值，既然选择一路持有“不操作”，就要做好坐电梯的准备，且要心甘情愿坐电梯，另外还要学会果断出击。“不操作”并非完全持有不动，当持有的品种达到自己预期的目标价位时就要果断出击，获利了结，该出手时就出手。

5.5 交易过程中的各种偏见

在交易中，经常出现各种认知上的偏见。

5.5.1 影响交易系统发展的偏见

1. 表述偏见

人们认为某东西可以代表另一种东西，所以“假定日线图代表市场，或假定某种技术指标代表市场”。事实上，我们是运用一种相对单纯的表述工具来简化复杂的资讯。换言之，这种表述工具是一种经过简化的捷径，除了不能完全代表实际资讯，有时候甚至扭曲事实。举一个例子，做日内的朋友经常会参考看盘软件上交易品种的买卖盘数据，甚至会使用一些以此为核心参数的指标作为下单依据。大家很偏颇地认为买卖盘数据可以代表当时哪怕是短时间的多空力量对比，其实这完全是一种错觉，因为对行情未来方向的走势起决定因素的多空力量是完全没有办法预测的，大量的买单背后可能有更为庞大的空头力量，同理，卖单也是一样。比如，我们看到盘面上显示空单成交 1 万手，接下来会怎么样呢？这 1 万手空单的持有人的交易策略是什么谁也不知道，这 1 万手是纯日内还是套利？是保值还是随机？如果是纯日内，这 1 万手空单就是潜在的多方力量，但是接下这 1 万手空单后的多方力量又是什么样？同样，谁也不知道。

2. 可靠性偏见

“人们往往把一些未必可靠的东西视为可靠”。比如，运用于测试的历史价格资料经常存在错误。除非我们承认资料错误的可能性，否则投资与交易决策难免发生意外。

3. 彩票偏见

很多朋友都买过彩票，每个人选号的方式五花八门。为什么会这样？因为每个人都认为彩票出号是有一定规律的，通过自己的聪明才智能够掌控这种规律。实际的情况是：无论你是否相信，从纯理论上讲，彩票出号是没有任何规律可循的，它不受任何因素所控制，完全的 100%随机产生。有些数学家研究过中奖的概率，可以用一句话描述：一个人连续被雷击两次的概率。用在交易中也是这样，人们都希望能控制市场，因此特别强调进场策略，他们在这方面可以迫使市场呈现种种进场之前应该有的现象。很不幸，一旦进场之后市场就不再受控制了。另外，交易成功最重要的准则是：迅速认赔，让获利持续发展，与进场策略无关，真正的关键是出场。

这种偏见的影响深远，使得人们很难在金融交易市场得到制胜的信息，大家只想得到他们想听的和愿意听的。

4．小数法则

“少数特殊案例的存在经常被归纳为主要原则。”所以人们往往会看到实际上不存在的所谓某种特殊价格形态。如果再配合下面的“心态保守偏见”，情况可能会更严重。

刚入行时体会没有现在这么深，交易时间越久，越觉得深不可测、浩瀚无边，交易中的变化组合是无穷无尽的，在交易中没有什么是不可能的，有人说历史是可以重演的，而我认为，交易过程中历史是可以重演的，但永远都是错位的重演，永远都会给你一种似曾相识的感觉，好像机会就在手边，但就是抓不到。所以，只能坚守规则，没有别的办法。

5．心态保守偏见

一旦认为某种形态或者指标确实有用（实际上未必有用），人们主观上会拒绝相反的证据，这也是人性弱点的体现。很多交易者一旦保持某种交易策略，心态保守的偏见就会取而代之，不能认可、甚至看不到相反证据，只能看到支持特定构想的少数案例，看不到或不想看到更多相反案例，这就是人性使然。人们总是在市场上搜寻他们想要看到的东西。所以，多数人的态度并不客观，他们对市场有着特定的看法，无法融入市场真正的脉动。真正好的交易策略是：可证伪的。所有科学性的东西都是可证伪的。可证伪性，就是说承认世界的无穷变化性，某个理论目前来说站得住脚，在今后被证明是错误的之前，都是真理。那种永远正确，不允许被怀疑其可行性的理论，都是迷信和盲从。

6. 需要了解的偏见

很多交易者非常容易进入一个误区，那就是一定要为行情的走势找到理由，无论涨还是跌都是如此，多数人觉得自己需要通过某些理论来解释。报纸媒体几乎都是如此，即使它们对市场一无所知，也会勉强给出解释。比如，上证指数某天涨了 100 点，当天晚上的媒体一定会有一大堆解释来分析上涨的理由，下跌 100 点也是同理。关于交易系统的设计，这种偏见的影响更显著。人们通过各种奇怪的方法下载价格资料与图表，然后根据这些资料，建立神奇的理论来解释行情的发展。结果，这些理论有了自己的生命，实际上完全没有根据。让我们看一个简单的例子，很多交易者非常推崇艾略特波浪理论（我个人偏见地认为这是交易史上最悬疑、最具争议性的理论，不懂也就算了，但如果只是一知半解就去交易极有可能万劫不复），波浪理论永远都是事后看行情呈现出来的完美浪形，用完美的理由来解释浪形的形成，完美地勾画出不同层级的 5 浪上升、3 浪修正等。但我想问问大家，在这些浪形成之前你如何知道你到底在哪一浪？好，就算你知道在哪一浪，我想提示大家的是：数浪是非常主观的，你认为是第三浪上升浪，那这第三浪到底是第几个层级的第三浪，不同层级的结果可能完全不同，而且浪中有浪，浪里套浪，周期大小不同数浪的方式也不同。更重要的是，波浪理论中没有时间参数，或者说没有标准相对一致的量化，这也就导致了事后无论行情走出任何怪异的走势，它都可以完美解释，时间和浪形都是事后可以用自己主观的认知加的，其实就连艾略特本人也没有通过波浪理论赚到过钱。

对于市场发生的各种现象，很多人认为它们是可以解释的。这种希望知道市场秩序的心理，让交易者难以融入市场的脉动，我们会看到心中想看到的，而不是看到实际发生的。

5.5.2 影响交易系统测试的偏见

1．自由度偏见

很多人认为“交易系统的自由度越大越好”。交易系统包括的技术指标数量越多，测试过程越能够套入历史价格，非常不幸的是，测试过程套入历史资料的程度越高，该交易系统实际绩效就越不可能重复历史测试绩效。多数系统开发软件会引诱人们陷入自由度偏见。只要该系统开发者有足够的自由度空间，也就是说，加入的指标数量越多，该系统就越能精准判断历史价格的头部与底部，让你获得丰厚的利润，当然，强调一下，这种系统的杰出绩效只会出现在过去的行情中。

我们都希望交易系统能够处于最佳状态，所以交易系统会纳入更多参数（自由度），藉由参数设置来套入历史资料，使得交易系统拥有最佳的历史测试绩效。事实上，对于交易概念的掌握最重要，只要做相对多程度的历史测试就够了，我建议交易系统的自由度参数最好不超过 3 个，最多再加一层过滤技术。

2．运用事后资料的偏见

系统测试过程往往会使用信号发生当时还不存在的资料。举例来说，系统可能运用当天的收盘价来提供盘中交易信号，可是在盘中时，收盘价还没有出现，盘中的最高价也是这个道理。

3．头寸管理的偏见

很多交易者会低估部位大小与出场决策的重要性，结果造成每笔交易承担的风险过高。其实这种偏见是非常隐讳的，也是很多交易者非常容易忽略的。合理的头寸管理决定了交易系统的执行效率，交易系统的执行效率又决定了实盘交易最终的绩效。交易者也是人，只要是人就一定会有情绪，也一定会或多或少受到情绪的干扰，这是任何人都不可避免的。比如，初始资金都是 20 万元的两位交易者 A 和 B，使用同样一套经过历史测试比较成功的系统，交易同样的品种，交易相同的时间，大家试想一下，在所有条件几乎完全一样的前提下，他们最终的绩效会接近吗？未必，而且有可能呈现非常大的差距。为什么会这样？因为他们的头寸管理方式不同。虽然同样都是 20 万元，但是对于 A 和 B 的意义是不同的，对于 A 来说，20 万元是他一半的家产，对于 B 来说，可能十分之一都不到，因此两个人的压力是完全不同的，A 相对于 B 来说压力是巨大的，非常恐惧亏损期的到来，如果遇到亏损期，A 的执行效率会遭遇非常大的考验，而 B 则相对轻松很多，因为在 20 万元后面还有更多资产，而 A 则被逼到了不能输的境地。通过这个例子我想说的是，交易之外的东西非常重要，它会直接或间接影响交易者的心理状态，因为交易者是人。

5.5.3 影响交易系统实际使用的偏见

1. 赌徒偏见

很多人认为，连续失败之后，成功概率必然上升；同样，连续成功之后，失败概率也会上升。其实，在漫长的实盘交易历史中，只要非常非常短时期的随机连续失败就可以让这种偏见的交易者死得很惨。交易是没有终点的，永远都会面临很多不确定的风险，客观地面对潜在风险是每一位职业交易者需要面对和研究的课题。

2. 获利保守、损失冒险偏见

一般人希望尽快获利了结，而让亏损部位有尽可能宽容的迂回空间。这虽然可以让交易者享有“判断正确”的幻觉，实际上却是：尽快获利了结，听任亏损持续发展。部位一旦存在获利，多数人会担心获利消失，所以只要有一点风吹草动，就会急着获利了结，即使交易系统没有给出平仓信号，但绝大多数人都难以抵抗获利了结的诱惑，结果让账户根本没有重大获利的机会。这种错误的态度意味着：“抓住每个获利的机会，绝不在亏损状态下轻易平仓”，可是，真正优秀的交易者，他们的做法刚好相反：“不要轻易获利了结，行情一旦逆转，再立即果断离场”。

经常在各大媒体、论坛、群等不同形式的理财团队里，很多业余交易者经常爱问的一句话是“老师，我持有的……还能持有吗？”大家试想一下，你能否持单是取决于“老师”的一句话吗？他让你持单，如果行情向相反方向运行怎么办？他让你砍仓，如果行情再次向你原来的开仓方向运行又该怎么办？其实没有任何人比你更了解自己的头寸管理和交易策略了。记得自己刚入行的时候听到某个电视台一个股评名嘴说，中国股市一定可以到一万点，看好中国经济。其实他说的话没有错误，只不过是废话，因为我相信中国股市有一天一定可以上到万点。但是，什么时候？5 年、10 年、50 年、100 年？人的有效投资年限只有 20 年，最多不过 30 年。1000 点的时候中国经济不被看好吗？同样也是看好。每当看到这些我都会叹气，当然这不能怪任何人，这仍然是一种人性的体现，浮躁的心态加上追求确定性的特质。

3. 当下部位必须获利的偏见

不论交易者或投资人，都会面临一种难以克制的欲望：当下持有的仓位必须成功。这种欲望会造成很大困扰：第一，当仓位发生亏损时，我们会尽一切所能避免承认，继续持有仓位而希望扳回劣势，结果亏损通常会越来越严重；第二，为了保持既有的获利，我们往往会过早获利了结。

再举一个实例，某节目有一位投资者参加实盘展示，在之前的各种实盘大赛中成绩斐然，可是在黄金交易过程中出现了头寸管理不合理，该止损时不止损（他事后说，因为手机坏了，没来得及委托），还有当下部分必须获利的心态一直伴随着他（他事后说，看到别的朋友在黄金上都赚钱了，而他还没有赚钱，心里不平衡）。最后的结果可想而知，爆仓。90 多万元的资金一夕间剩下不到 40 万元。客观地说，我观察过他之前的一些交易记录，他整体的交易技术是不错的，也很有实战经验，即使这样一位交易者也难免会出现致命的错误。

以上所有偏见原因何在？总结一下：人性必有弱点，人性必缺一角，交易中总会有错误与你相伴，市场也总会找到你的弱点来打击你，这是所有偏见的根源所在。我认为任何交易技术都是建立在合理基础上的，没有正确与否，只有合理与否。时间久了，大家会慢慢明白：判断正确与赚钱之间的关系并不大，交易的行为就是概率的可能性，而不是确定性。如果这个问题不明白，所有技术都只是昙花一现，都会很容易进入交易系统完美综合征的黑洞。

5.6 真正的交易者，只关心两件事

（1）我买入后走势证明我对了怎么办？

（2）我买入后走势证明我错了怎么办？

未来的行情谁也无法预测，唯一能依赖的就是规则——一致性的交易规则，它让你站在这场概率游戏的大数一侧。

盈利不是靠预测行情的胜率来获取的，而是依赖“做错的时候尽可能少亏，做对的时候尽可能多赚”，这也是实战家和分析师的最大差别。

买入的目的不是为了亏钱，而是为了获利且尽可能获利更多，当走势对你有利的时候，必须贪婪，让利润奔跑；当走势对你不利的时候，停止幻想，截断亏损。

什么时候大盘方向明朗？任何时候都不明朗！任何时候的行情都是拿自己的筹码赌出来的，尽管很多朋友从来不认为自己在赌，只认为概率大，算不上赌。事实上，谁也不知道明天会怎么走，交易就是下赌注，用确定的代价赌不确定的利润，只不过当风险可控的时候，未来值得一赌。

我的交易都是“计划我的交易，交易我的计划”，收盘后写写交易心得、行动

计划，交易时间做的就只是按规则去交易。我从来就不认为买进的具体点位在交易中占据多大作用，只有追求微利的买单才追求具体买入点位，非追求微利波段的交易过于注重具体买入点位，会得不偿失，会损失更多机会和利润。买入的具体点位不会是我交易的重点，我从来不会花很多精力去研究价格究竟会在几角几分止住，但有很多朋友强调，他们交易时具体买入点位有多么重要。如果精确的买点在你的交易中占据了很关键的位置，如果你不是追求微利波段的操作，那么只能说明你根本不知道交易策略为何物，你甚至不理解行情走势是怎么产生的，更不知道你要操作的是什么。

华尔街有人曾经做过一个实验：拿几张走势图让几个小学生和几个做了几年交易的人选择后面的方向，结果小学生的胜率压倒性地高于做了几年交易的人。之所以把精确买点看得那么重，无非就是以下几个原因：①你总是希望买在最低点位上，买进就有盈利，无法忍受价格的正常回调；②你认为止损就是灾难，所以总是把止损设得很小。只是你忽略了，一个区域买进，高一点或低一点的重要性远远没有买不到更重要。但是，多少人在大概率转折区域面前，为了追求精确价格而错失机会。

这个世界上最傻的人就是那种自以为发现了别人不能发现的真相的人。我从来不奢望买在最低点、卖在最高点，很多人之所以在整体上无法实现资金的增加，关键就在于他无法承受浮盈的回撤，其实浮盈根本不是你的利润。没有人希望因为回撤而损失利润，但也会因为回撤而获得了更大的利润，这是走势中不可或缺的一部分，我在交易中已经习惯它了。

亏损额度是自己可以控制的，盈利则需要行情的支持。我的任何一次买进或卖出不是自己想当然，而是让实际走势决定买入还是卖出，任何时候我都不会让自己陷入被动，我也从来不会追求完美的交易。

无论你用什么规则作为交易模式，都要考虑这种规则策略放在一个比较长的周期内是不是能实现资金权益的增长，而不是拿孤立的几个交易日或某次交易的偶然性作为你交易的依据。

我不会为特定的行情调整自己的交易规则，唯一的办法就是坚守规则，管它行情怎么走，守住自己的操作底线，保持交易规则的一致性，并不是所有行情在你的交易规则下都应该盈利，这点必须理解，也务必接受。

所谓一致性就是在任何时候都按照自己的规则做，行情和外界对你毫无干扰，不被别人和行情一时迷惑，市场迟早会奖励你。在我交易还不能做到“涨跌不惊，闲看庭前花开花落”的时候，一位交易做得很好的前辈曾告诉我，在任何时候只要不让资金出现大幅回撤，同时在自己的节奏内保持盈利，即使很慢，市场迟早会奖励你。现在我深以为然，并且知道这奖励不止一次。

一个成熟的交易者不会认为交易有独到的秘诀，即使最赚钱的交易策略也早就是公开的，能抵御无处不在的诱惑而恪守自己的信仰，是赢家和输家的唯一区别，没有其他秘诀。

有不少朋友曾告诉我交易的各种困难，想要获利简直太难了。我把自己的交易策略全部告诉他，我在哪里买他也在哪里买，我的交易对他是完全透明的，但是一段时间下来我们的交易结果很不一样。因为他总是在诱惑无处不在的行情里迷失自己，忍受不住波动，不是担心买不到而买早，就是想等更低价格而没买上，不是担心卖晚了而卖早，就是抱太多幻想而卖晚了。

这就是交易，不要总以为赚钱的人有什么独门秘籍。这个市场存在了上百年，任何可行或不可行的盈利方法早被研究透了，很难找到哪怕一丁点儿前人没有探究到的东西，所以不要认为你有什么新发现，更多时候是自我编织的陷阱。

如果我说股市风险比期市风险高，肯定有人不赞同。如果我说股市风险比期市风险低，也肯定有人反对。波动来自于市场，但风险不是来自市场，而是来自你的交易，来自你对风险的控制。风险再低的市场，不恰当地控制风险，也会将风险无限放大。风险再高的市场，懂得控制风险，也会大大降低风险。我们控制不了市场，如果再控制不了自己的交易，那这种风险就会更大。

无论是策略还是计划，一旦执行就必须严格执行，因为只有场外制订策略的时候你才处于相对客观的位置，一旦置身场内你就失去了理性的判断，这个时候唯一的办法就是执行既定策略，收盘之后才能对策略进行修改或者验证。

如果每天都在行情里随机做出决定，那么你所有付出的代价和交易沉淀的经验都无法帮助你，这个时候一个老手和刚入场的新手没有任何区别，都是盲目和心存侥幸的。

让交易简单一些吧，影响行情的因素太多了，谁也不知道究竟哪个因素会发生作用。让自己的交易简单点，按照自己的方式进行。

5.7 靠波动赚差价而已

都知道“乱世出英雄”，市场走成直线谁能赚钱？

做交易就是靠波动赚差价而已。

没有波动怎么做差价？会没有波动吗？不可能！

各个品种就是为差价而生的。

交易和品种关系不大，有那么一点关系就是选毛刺少的品种。毛刺多，错误就多，又不是只有一个品种可选。

拿股票来说，每只股票里有几类人？第一类，做市商，俗称庄家，没有庄家，股票走不好。第二类，跟市商，我们就是这类，像狗皮膏药一样黏着，你只要跟着，庄家自然会给你抬轿子，就怕你跟不住。第三类，胡乱操作的人，就是送钱的散户，这批人是股市存在的基础，没有送钱的，就没有市场。

庄家成本很高，资金成本、人工成本以及灰色成本。坐庄也有失败的可能。你不按规则做的话，你就跑不过庄家，他们是滚动式操盘。只有按规矩该进就进，该出就出，肯定能跟上。跟住就行，不能频繁换来换去。他们成本很高，因为必须赚钱，所以股票必须得涨！关键是什么时候涨，庄家也不知道。他是走一步看一步，一步步试探，一步步拉升打压。基本面都是自己想出来的，人人都只能看到基本面这座冰山的一角而已。

那么，内幕消息可信吗？我有一个朋友听信了所谓的内幕消息，停牌之前买了某只股票 700 多万元，现在跌惨了，她问我怎么办？我没法回答。在庄家全身而退之前，庄家都不知道能不能成功，怎么能打包票告诉你一定会赚呢？

也有人非常接近操盘手的内幕消息，但是你觉得操盘手会在他出货之前让你先出货吗？消息，几乎都是找人抬轿子或接盘。你知道消息，可能会告诉朋友，大家都买，操盘手出货前告诉你，你又告诉别人，别人也会告诉朋友，那么他怎么出货？这又是死结，反身性。真正的内幕不会流出操盘室，只有老板才知道。老板最多给进货的消息，才不会给你出货的消息。庄家分工明确，有人负责拉升，有人负责打压。老板是不会让一个人知道所有信息。

股票或期货合约品种换来换去很不好，运气是不靠谱的东西，可能你做 A 赶上了一个盘整，做了一段时间亏了不少。那放弃 A 做 B，可能又赶上 B 的盘整，怎么办？你光参与“挨打”，“吃肉”的时候却跑了。这就是“聪明人”的经历。

选一个品种做下去即可，而且要明白什么是概率，换来换去就没有了概率。周期级别换来换去好吗？这比品种换来换去更严重。因为级别换来换去你就看不懂什么是波动了，没有了波动，还怎么赚钱？

第 6 章

控制交易中的心魔

前没介绍了各种交易方法和交易心法，但是在交易中，常常会出现怀疑自己、追求完美交易的状况出现，怎么避免？我能战胜自己赢取最后的胜利吗？

本章来讲解如何来破除心魔，提升交易的成功率。

6.1 自己适合做交易吗

交易就是一面照妖镜，无论你是谁，无论你有什么显赫的人生经历和社会背景，也无论你曾经多么成功，只要来到交易市场，你身上所有的人性弱点（贪、怕、惧、懒、怨、愿）都会体现出来。交易市场特别是具有杠杆的期货交易就是一面照妖镜，无论一个人如何掩饰自身的缺陷，只要经过了期货市场的洗礼，所有的缺点和人性丑陋之处都将无处遁形。

若干年后，你终将会明白一个简单的道理：交易中没有胜利和失败，只有快乐和不快乐。在交易中，交易策略及交易系统占 9%，运气占 1%，而交易心理和人性因素占 90%，只要你放下全部，必将成为市场中最快乐的人。

我通过对市场多年的感悟和观察总结出具备以下性格特质的人不适合参与交易或者说在长期交易中获取稳定收益的概率极低。

- 心术不正、心胸狭隘的人。
- 非常在乎金钱的人。
- 非常聪明，总是精于算计，占便宜不吃亏的人。
- 疑心重、得失心重、嫉妒心强的人。
- 自负的人，从来不相信别人。
- 对父母、太太、家人、朋友不忠诚的人，同样会不忠诚于交易系统。
- 没有信用、经常说谎的人。
- 经常不敢面对现实的人。
- 没有定力的人，我个人理解是做任何事情都缺乏耐心的人。
- 经常做损人不利己事情的人。
- 时间观念非常差的人。
- 经常给自己的失败找借口的人。
- 不孝顺父母的人（这也是见仁见智），我个人觉得在交易中这种人永远得不到好运气。
- 不爱惜自己身体的人。
- 非常自私和圆滑的人。

- 交际圈非常广泛的人，这样会让你不经意间沾染一些人性的恶习。
- 作息不规律，经常酗酒的人。
- 容易受别人影响的人。
- 读书时成绩非常优秀的人。读书是培养线性思维，而交易是非线性的，这会让你离真实的交易越来越远。（读书太差的人也不行，适中最优）
- 性格非常外向的人。
- 面对生活中的问题，不是过于积极就是过于消极，合理的心态应是各占一半，永远都要尽可能看到问题的多面性。
- 赌性十足的人。
- 过度寻求安全感或过度寻求高风险、高利润的人。
- 想一夜暴富的人。在市场中不存在一夜暴富，交易不是靠暴利赚钱，而是靠概率量化的交易系统，通过交易者高效率地执行，在每一次交易中控制风险，不断积累利润而得来的，从长期看复利的效应是惊人的。
- 心理素质弱的人。

以上可以总结为两个字：均衡。对于交易来说，均衡的性格特质才是最合理的。

具备以上任何一种特质的人，说一句你可能接受不了的话，你的交易成功率几乎为零，建议立志将交易作为终身职业的朋友及早离开市场。业余交易者除外。

很多朋友选择以交易为生，很大程度上是感觉做交易不用风吹日晒，也不用受制于人，点个鼠标就可以赚钱，达到财务自由及时间自由的可能性很大。他们只看到了表面，其实想成为一名顶尖的交易者所经受的磨炼和艰辛并不是每个人都能做到的。

6.2 等待你的四大陷阱

第一个陷阱：预测。

第二个陷阱：分析。

第三个陷阱：追求完美。

第四个陷阱：放不下。

前面章节已经反复介绍了前两个陷阱。下面重点说说后两个。

6.2.1 追求完美

你做对的时候，觉得自己做错了。盲目追求完美。

怎么理解这句话呢？就是你按规则做了，但连续出现了止损，开始怀疑自己的系统了，这时候才能体现你是大师还是散户。其实，就算你每次都做，也不一定每次都赚钱。只有每次都做对，才有可能总账盈利。每一次的结果意义不大，只要每次都做对的事情，长期来看，稳赚无疑。

我相信几乎所有人进入市场的动机只有两个字“赚钱”。遗憾的是，市场行情走势永远不会以某个人的主观意志为转移，它会按照自身规律运行，不断地通过时间换取空间进而消耗着市场中每个人的意志力，最终会以 90%的人都想象不到的方向或方式运行，直到将投资者赶出市场为止。

或许我天生是一个悲观主义者，任何情况下，我总是想到最坏的结果，但我认为用在交易方面这或许是一个不错的优点。我认为市场永远有你想不到的事情会发生，永远不要认为自己拥有了一套完美的交易系统就可以高枕无忧了，不是因为系统有多好，而是坏的情况还没有出现而已。交易中永远都会有一个错误陪伴着你，你无法甩掉它。

请谨记一句话：交易中追求完美的确定性是交易系统的毒瘤。

6.2.2 放不下

不停地想优化系统，觉得还有更好的，就是放不下、舍不得。

现实生活中，“更好、更快、更多”被深深植入了每个人的脑海，觉得必须做得更好。这种思想没有错，错的是人可能会用错地方。应该用在监督自己的执行上，而不是改进系统。新人如果一开始就沉迷于复杂的技术中，很容易形成“只要学好技术，每次都能做对”“如果没做对，那是自己技术不到位”诸如此类的极端思维，而且会日复一日、年复一年追求高精尖技术，只为了实现 100%的准确率，最后陷入永休止的学习和研究中，结果就是技术越学越多、越来越细，盈利能力却始终上不去甚至越做越差。胜率和赚不赚钱，关系真不是那么大。

其实，当你有了正收益的交易系统，最应该做的事情是：知行合一。如果你想实现持续一致性的结果，那么理解和控制你对市场的认知是最重要的。

大道至简，知易行难。多反思自己的执行力，多观察自己的心理状态。人生如书，读不尽；人生如景，看不完。

我个人愿意将交易系统看成是一种平衡体。对于平衡体的概念，我的理解是：交易系统是一个整体，其中某个部分在某些局部行情中具有巨大优势，那么这就注定了交易系统的其他部分必然会在某些行情中存在缺陷。很多交易者因为某天交易亏损了，在盘后反复研究自己的系统，并不断优化，最终得出结论：这套系统有问题。从而改变了之前的交易系统，这种改变的后果我想不用我多说大家应该心知肚明……

其实从人的本性来看，市场中的每一个人都希望自己可以拥有一套“超级完美”的交易系统，利用它实现财务自由。可是所谓“完美”的超级系统真的存在吗？当遇到了与系统相匹配的行情时，有些人赚到了系统该赚的钱，他很满足。可是有些人一心想着吃遍全部行情，规避所有风险，他认为系统永远不完美，需要不断优化，甚至有些人同时应用不同的交易系统试图捕捉可能出现的所有不同性质的行情。

这也是刚入行的时候一直困扰着我的问题，时间久了，渐渐地从市场中悟出了一些道理，交易系统相当于自己的武功，到底有没有天下第一的武功秘籍？能长期稳定盈利的方法就是天下第一的，如果非要练“葵花宝典”我也没有意见，为了防止走火入魔，我还是更喜欢一些简单的拳脚功夫强身健体。其实所谓完美的系统就在自己的心中，是自己看待市场的角度以及对市场的理解和认识。

这些陷阱，每个人都必须亲身经历，我也不例外。

6.3 你能战胜自己多久

交易的最大障碍是人性，即贪嗔痴慢疑。

炒股炒期货就是炒自己的人性，亏是亏在自己身上，要是能战胜自己，就能从市场里赚到钱。还有比股市期货更好做的生意吗？还有比股市期货更难做的生意吗？

你能赚多少钱，取决于你能战胜自己多久。

大名鼎鼎的杰西·利弗莫尔在现今圈内真正的高手眼中，并非真正的交易天才。是否是交易天才，衡量标准只有两个：是否赚钱、赚钱的过程是否稳定。

6.3.1 赚钱吗？赚钱的过程稳定吗

伟大的交易者利弗莫尔最后也败给了自己。其实，在他第三次失败后，如果他愿意，肯定还能东山再起，可能伟大的利弗莫尔意识到，就算他再一次东山再起，还是逃不过第四次失败。他不愿再玩这个过山车游戏了，一死了之。

伟大的海龟交易法的丹尼斯，结局也不算好吧。

他们不懂理念吗？不懂技术吗？不懂人性吗？不懂交易吗？

肯定不是！

一辈子严格、一贯地遵守纪律，非常难得和不易。回首往事，曾经把什么都战胜了，最终败在自己手里。世间沧桑，唏嘘不已。

丹尼斯说过："我不在意任何人公布我的法则，因为没人会坚持照做。恪守规则才是我的秘诀。随便哪个交易员，恐怕都能创造一套交易系统，盈利能力跟我的差不了太多。但是，绝不是随便什么人，都敢坚持这套系统，直面惨淡的市场。"

随着交易的大获全胜，恪守规则的重要性会不会淡忘？会不会开始分析预测？会不会想控制市场呢？

每个交易员心中都有一颗定时炸弹（分析预测），平时是关闭的，一旦哪天得意忘形（忘记"恪守规则"才是赚钱的秘诀），这颗定时炸弹立刻开始倒计时，不注意防范的话，逃不掉粉身碎骨的结局。

生活中的例子比比皆是。

自认为开车技术很牛，自我感觉无人能超越，所以 1 000 次冒险开车，也许都能平安无事。可是第 1 001 次冒险开车没躲过……

愚钝的人，总是要从自己的失败中得到经验教训，而智者，往往能从别人的得失中感悟，并缩短自己走弯路的过程。

在交易的道路上，“知道”只是一个智力和悟性的范畴，“知道”距离“懂得”时而有万里之遥，时而仅一纸之隔，晋升到真正“懂得”的层级，以我而言，全部需要自己的成败得失，借不得任何外力。

“顺势而为”是众所周知的交易格言，我自然也从入行之初就“知道”了。真正理解其中深意，做到懂得、深信并坚持执行，却是在遭受重大挫折之后。原因何在？只因一直愚蠢地以为自己太聪明。之前很长时间，总是因为自己有过很多次对不同品种顶底接近完美的分析预测的交易经历，就片面地认定自己聪明过常人，甚至聪明过市场。于是，在大多数顺势而为的交易之余，偶有逆势之举。原因绝不是为了哗众取宠或显得特立独行，而是愚蠢地觉得自己可以做到。这就是“知道”和“懂得”的差别。结果是，因为感性战胜理性导致的没有纪律保护的逆势操作中，市场将你打回原形。只是“知道”，不是“懂得”，即使这次躲过了，总有一次躲不过，最终结局不会改变，只是发生的时间早晚而已。

经历不多的交易者会对此不解，逆势错了也不要紧啊，坚持止损纪律不就行了？有多年经历的交易者却都会了解，在只是“知道”而不“懂得”的层级，一切法家之御都没有绝对效用。你设定的规则可以更改，规则人定之，人亦可改之；即使有人监督执行，只要不建立在法律强制监督下，你仍然会将这种监督践踏得一无是处，没有人愿意替你承担不按照你的意愿更改而带来的后果。

6.3.2 自负者的常见特征

贪婪、恐惧是人性，期望、侥幸是人性，不愿意轻易承认错误更是聪明者、自负者的共性特性，历史的进程告诉了我们很多。

（1）巴菲特 2008 年宣布，在本次金融风暴中，证券投资部分的损失约为 136 亿美元，并明确表示过去一年自己在股票方面的损失超过了整体投资的 30%。从现在的市况看，应该又超过了这个比率。无论用什么样的方法来评估价格与价值的乖离率，事实是他不但从来不看重趋势，也不在意趋势，表现行为即是逆势买入，如果金融危机转化为类似 1929 年的大衰退，巴菲特也可能晚节不保。

（2）海龟法则的创始人理查德 · 丹尼斯，其管理基金十几年的平均收益在华尔街的历史上无人可比，所有基金经理都以其为师、为楷模，无人可望其项背，但 1985 年一次自行制定又被其强行修改的止损比率和逆势加仓，导致基金下破 50%亏损限制而摘牌，他也因此结束了其投资生涯，退而从政。

（3）19 世纪初最声名显赫的投资客杰西 · 利弗莫尔，四起四落，他的空头交易一度影响到美国衰退的时间，其交易影响力可见一斑。但最后，正是他自己再一次的逆势交易，并违反了他在他的书里一再强调的交易规则和纪律，导致他在最后一次破产后吞枪自尽。许多人认为他是因为负债规模而自杀，但我想他的自杀一定与人的理性最终还是无法彻底战胜感性而失望有关。

（4）巴菲特的老师本杰明 · 格雷厄姆，1929 年股市泡沫破灭后在 1931 年逆势抄底，结果破产。

（5）巴菲特的另一位老师费雪，虽然预见 1929 年股市泡沫破灭，但还是在下跌中逆势买入自认为便宜的股票，结果几天之中损失了几百万美元，一蹶不振。

（6）大鳄乔治 · 索罗斯，1987 年前认为日本股市泡沫巨大，逆势放空日本股票，结果惨败，日本股市牛到了 1989 年。当时，索罗斯在华尔街鼓吹美国股市会坚挺，日本股市将会崩盘，结果正好相反，美国股市崩盘了，日本股市却坚挺，索罗斯旗下的量子基金当年损失了 32%。

（7）上海一家基金管理公司的总经理，当初从中国台湾股市 1000 多点进入一直做到 10000 点，然后把股票全部抛掉，完成了巨额盈利，并坚持握有现金。后来股票上冲到 12000 点之后开始下跌，当跌到 7000 点时，她认为进入合理价值投资区间便满仓逆势买入，结果后来股指又跌掉了 5000 点，她不得不全部认赔清仓，三年的财富又都化为乌有。

（8）香港业内名人曹仁超，1972 年香港股灾前 1200 点看空，结果差点被公司解雇。1973 年股票达到 1773 点后大幅下跌，他因躲过大熊而信心百倍，遂在 1974 年 7 月股票跌至 290 点后认为可以捞底，拿全部积蓄 50 万港币结合融资逆势抄底，全仓买入和记洋行。当时该蓝筹股已从 1973 年股市泡沫的高点 43 元跌到 5.8 元，看似很低了。但后来 5 个月，股票再度跌至 150 点附近，和记洋行更是跌至 1.1 元，老曹无奈斩仓，亏损 80%以上。

他们无疑都是聪慧之人，对交易的铁律也全都“知道”，却没有真正“懂得”，更不知道在自己的绝对权威下，如何约束自己、控制风险、控制感性，去“做到”，因此失败的结局也是必然。

交易系统就是自己的老板，把自己当成一个打工仔，快乐工作即可。我看过一篇小短文：“昨晚在和朋友聊天的过程中我想起了一件真实的事情，在美国有一位管理着几十亿资金的顶尖期货交易员，他有着非常出色的绩效，几乎每隔几年个人资产就会翻一倍，客观地说，在交易领域这几乎是不可能做到的事。他到底是如何做到的？他的交易秘诀是什么？所有人都想知道答案。在一次聚会聊天中，大家争先恐后地问他使用的交易系统或交易策略是什么，是否有什么秘诀。他告诉了大家一个既是意料之中又是意料之外的答案，他说他所用的交易系统其实和大家使用的交易系统没什么不同，甚至还有一些不小的瑕疵，他也经历了很长时间的痛苦煎熬，不断改变系统策略、资金管理方法，但收效甚微，自从他做了一件事情之后局面就完全改变了。他单独建立了一个资金账户，每个月给自己发薪水，发薪水的理由不是根据每个月的盈亏，而是根据执行交易系统的效率，如果执行交易系统的效率达到 98%以上（很难达到 100%，交易中总会有一些意料之外的事情），无论是否盈利都会给自己发薪水，如果交易系统执行效率没有达到 98%以上，就算这个月是盈利的也没有薪水可以领，他一如既往地照此做了下去，成为了非常出色的交易员。”

这就相当于把交易系统当成了老板，你在为他工作，并且不能偷懒（不执行信号），大家试想一下，如果你上班迟到了或没有完成工作任务，老板要不要扣你薪水？这是一定的！

事实证明，同样的一套交易系统不同的人使用差别也会非常大，下单时，有时候我自己凭感觉都认为位置不好，但又有什么办法呢？我不会去采用任何投机取巧的办法，交易系统是老板，我只能听它的。有的时候系统经历了比较严重的亏损期，很多人开始怀疑交易规则，但是那种只有盈利而没有亏损期的交易系统是不存在的，不能理性接受亏损期的交易者怎么可能有盈利的机会。

既然使用交易系统，就要相信它，更要忠诚于它。我一直很坚定地认为交易中决定成败的就是对交易系统坚定的执行力，没有了强大的执行力，既使拥有了一套正期望值的交易系统和完善的资金管理计划，都没有意义。

6.4 说说配资这个东西

大家都知道，期货是虚盘杠杆化合约的保证金交易，而股票是实盘的证券交易。配资催生了 2015 年这一轮轰轰烈烈的股市暴涨大家已经很熟悉了，其实这轮股市的特征就是杠杆化：涨起来势如破竹、摧枯拉朽，跌下去哀鸿遍野、惨不忍睹。无论是涨与跌都被杠杆化的畸形放大了。

如果一个股票交易者选择配资，就是选择了类期货的虚盘保证金交易。因为你的交易本金就成为了交易的保证金，而你只有账户使用权，股票并不属于你，你只承担这个标的股的涨跌带来的亏损和盈利。从这一点看，又有些像股指期货的味道。

比如，一个股票交易者有 1 万元本金，他想扩大资金进行配资交易。一般的话，配资公司按照 1:5 的比例配资，也就是说 1 万元可以配资到 5 万元，警戒线定为 4.5 万元，平仓线定为 4.3 万元。如果交易的股票和行情变化剧烈，可能配资者瞬间就血本无归。比如你全仓在接近涨停板买入中国中车，假使盘中该股由涨停（+10%）跌到接近-2%，你的账户亏损就临近 7000 元，就会被配资公司强制平仓。

配资公司是不会允许爆仓的情况出现的，风控严是他们赖以运营的核心环节，他们会在你账户还有 3000 元左右自有资金时强制平仓，即使行情已经逆转或后面有属于你的一大段盈利行情，然后通知你追加保证金到初始状态，才会允许你接下来继续使用交易账户。

也就是说，配资公司为了自身资金的安全，是不允许你的自有资金赔光的。你的资金是交易的保证金，也是交易中冲锋陷阵抵御风险的资金，还是保障配资公司资金安全的资金。如果你的资金赔光了，配资公司的配资资金就面临很大风险。配资的交易者被平仓时都会有 30%左右的自有资金，这并非配资公司善良，而是风险控制的要求使然。

这轮股市的拉升实际上得力于杠杆化交易，大家都知道外汇期货和商品期货交易最大的特点就是虚盘、杠杆化的合约交易。杠杆化的特点是使行情愈加剧烈。在股市由“疯牛”转为“慢牛”之前，股市的走势会更为凶险。

用一个大概的比例来说明，期货市场赚钱的交易者是 1%，股市稳定赚钱的交易者是 10%。配资的股票交易者其胜率不会比期货交易者高，因为，如果股市放大 5～10 倍交易，其行情的凶险程度远远胜过期货。配资的股票交易者等于把实盘股票做成了虚盘杠杆化的保证金交易。

期货是 T+0 交易，一天可以进出多次，而股票无论发生什么情况只能等待明天。

有没有避免股票配资风险的方法？答案是当然有。如果配资的股民把交易仓位缩小至 10%～20%，他的风险就很小，几乎没有爆仓的可能，而回报率也是微乎其微的。如果这样做，配资则没有意义。

配资者，无非是贪婪、心急，这也无可厚非，股民赶上一轮牛市太难了。股市的短牛长熊，给股民带来的机会少之又少。期货市场在股市熊市时走出了金属、棉花、油脂、白糖、鸡蛋等一轮又一轮大牛行情。

比如期货多空都可以做，做好资金管理，遵守交易规则，前途无限。股民，尤其是配资的小散户不如逆向思考：尝试学习进入行情比比皆是的商品期货市场，把期货的杠杆化去除，只用 1/10 的保证金去交易，肯定会有更丰厚的回报。

配资本身就有结构性的问题，而且在一个毫无制约机制、诚信缺失的市场环境中，参与配资的成功率比中彩票还要低。

配资说直接一点，就是你的钱不够，配资公司借给你钱，让你可以在交易中开更多手数，利润全是你的，而且不要利息。听起来很好，但有玄机：第一，配资公司会收取相较于其他期货公司非常高额的手续费；第二，配资公司没有风险共担原则，当你参与配资后如果发生亏损，那么要先从你自己的本金里扣除，如果你的钱不够，要么减少手数，要么再往里续钱，否则配资公司会马上停止你的账户。对于配置公司来说，不会承担任何风险，如果发生亏损永远先扣除的是你自己的本金，同时还会扣除高额手续费，当然手续费也是从你的本金里扣。如果你赚钱，配资公司也会无风险地收取高额手续费。

很多人认为自己的交易系统或交易策略没有问题，缺的是资金，但是再优秀的交易系统或交易策略也会遇到亏损期，如果遇到亏损期怎么办？对于参与配资的人来说这就是一种没有退路的交易，只能赢不能输，而且要持续地赢才能补足高额手续费，不能出现一点意外。

有些配资公司的人会忽悠大家：“爆仓之后，你只要很少的资金就可以重新配资，马上重整旗鼓！假如你有 10 万元，可以用 2 万元来配资做 10 万元的账户，那么你就有 5 个 10 万元的机会。”但是，你知道爆仓对于一名交易者来说意味着什么吗？参与配资的人都是缺钱的人，有几个人会经得起爆仓的风险？而且最要命的是，参与配资本身就大大增加了爆仓的机会，本来你有 2 万元可以开一手，你的盈亏比都是以 2 万元为标准，风险由你的 2 万元来承担。可是现在你有 10 万元，你可以开 5 手，但是你的盈亏比是以 10 万元为标准，而且风险还是由你的 2 万元来承担，就等于说，你用 2 万元来承担 10 万元的风险！这本身就不合理。这些细节配资公司敢讲清楚吗？在这种前提下爆仓的概率将大大增加！只有一种可能性你可以赚钱，那就是一直赢，不断赢，不能亏钱，只要稍微亏一点就会马上出问题。

要了解和认识配资的本质，毕竟天下没有免费的午餐。

6.5 交易的最大成本

交易中的最大成本是“时间成本”。

交易中通过自己的努力可以解决很多问题，比如交易技术、头寸管理方式、交易系统的完善，但有一点是永远都无法解决的，那就是时间成本。我觉得这是很多交易者非常容易忽略的一个概念，其实了解它非常重要，它会是所有投资者永远挥之不去的魔咒。

为什么交易策略难以长期连续执行？

为什么绝大多数的交易者都是半途而废？

为什么在交易过程中总是感觉有一种无形的压力困扰着自己？

一切的根源就在于时间被不断消耗。

一个人在一定的时间内有着明确的目标，得失心就是因为要达到这个目标而产生的。随着时间的推移，得失心会越发严重，最终导致心态失衡，心理系统崩溃。

时间是不可逆的，可能有一天你拥有了足够的资金，拥有了非常强大的交易心理和交易系统，但是很遗憾，不得不在这个时候通知你：你已经老了。可能有些人会说，老了也可以做交易呀，是的，交易没有年龄限制，任何人都可以做，但我们需要的那种交易状态可能没有了，试想一下 60 岁时的状态和 30 岁时的状态会相同吗？

那这个问题能解决吗？答案会让大家失望：无解！

为什么会无解？每一位交易者的性格、生活经历、家庭背景、受教育程度、身体状况、婚姻状况、身边亲人对自己的影响、自己的价值观、金钱观、运气等都不一样，这就导致了每一位交易者的思维方式及行为方式各不相同。虽然绝大多数的人明白坚持交易系统的重要性，亏损就是交易的一部分，但是现实情况是，有些人天生性格保守，有些人性格急躁，有些人生性多疑，有些人爱财如命，甚至有些人天生肾上腺素分泌旺盛（容易紧张），这些都是促使交易者在交易中产生负面情绪的因素，最终很多人没有熬过亏损期就放弃了。其实这本身已经远远超越了交易技术的范畴。

交易为什么吸引人，我个人认为在所有职业中，除了竞技体育之外，交易是最接近于完全公平的职业，交易的门槛很低，只要你有适量的资金就可以开户，它不会考虑你的出身和背景，市场对每一个人都是平等的，你不用察言观色，不用考虑人际关系，只要抓住机会，就可以在最短的时间内获得财务自由。但是交易的艰难之处在于，要想在交易中实现财务自由就必须不断地克服人性弱点，克服时间成本。

交易的动作很简单，买或卖可以轻松完成，在这轻松的背后却融入了交易者所付出的超乎常人的心血，承担了超乎常人的压力。交易对一个人素质的要求是非常全面的，想成为一名不算太差的职业交易者，必须对交易的基本技术、基本理念、经济学、心理学、资金管理学、物理学、哲学、历史、计算机以及编程知识等，有着深刻的理解和认识。

在变化无穷的市场中，要想成为一名顶尖的期货交易者，必须在一次次亏损中幸存下来，忍受无尽的痛苦和冷嘲热讽而不能说出来，在交易中学习交易，努力获取不为人知的奥秘和规律，经历无数次失败，有勇气从失败中站起来，才有机会成功。

对于一名正常人来说，职业交易是一条痛苦、孤独、残忍的道路。

6.6 盈亏同源，没有亏损就没有盈利

我一直坚信一句话：只有亏掉该亏的钱，才能赚到该赚的钱。

我真的很感激那些连续出现的小亏损。正是这些令人讨厌的小亏损，把那些比我更聪明的交易者挡在了获利的门外。

我可以毫不夸张地说：从一个交易者对亏损的认识境界，就完全能看出这个交易者的交易境界。“亏损”是一个令交易者讨厌的词汇。事实上，交易长期稳定获利的秘密就在于对亏损的正确认识。

6.6.1 第一层境界：拒绝面对亏损

生活中有这么一类人，他们永远对自己的错误视而不见，并且总会在犯错后找出这样、那样的理由来使自己所犯的错误合理化。他们所找的那些理由是否有道理并不重要，重要的是那些理由是建立在“自己没有犯错”的前提下，通过“选择性过滤”寻找出来的理由，并不是通过对客观事实分析，最终得出自己是否犯错的结论。人总是相信自己乐于相信的事情。问题是，这类人反复在自己的心理暗示下，最终会深信自己是对的。

生活中有什么样的人，市场上就会有什么样的交易者。

他们并不是用原因来综合分析得出结果，而是站在固定的、自己希望出现的结果的基础上来寻找原因。简单来说，他们不是因为看涨而做多，而是因为做多

而寻找看涨的理由。这样的交易者在不断对自己心里暗示的催眠下，使自己的信念同市场的客观现实越来越远。如果市场最终的走势和他们所希望的一致的话，会使他们的自尊心膨胀，下次就更难面对自己的亏损。

想和市场一争高下，早晚会被市场扫地出门。没错，这只是时间问题。

6.6.2 第二层境界：努力规避亏损

这类人在生活中应该算得上“完美主义者”，他们根本不允许自己犯任何错误。如果真的犯了什么错误，他们就会陷入反复自责中无法自拔。也许他们的目标就是努力使自己在未来能够不再犯错。

这类人比第一类人进步很多。他们明白市场中的生存法则是通过敬畏市场使自己的交易能够保持弹性。他们明白市场永远是对的，和市场“讲道理”是一件愚蠢的事情。但是他们还没有跳出“对错与盈亏具有完全相关性”的怪圈。他们对自己过于苛刻，对自己根本无法左右的事情承担着责任。如果说第一类人是在和市场较劲，那么第二类人就是在和自己较劲。他们认为亏损是可耻的、是应该避免的，或者说自己应该为亏损负全部责任。这类交易者可能会陷入自责的痛苦中而无法自拔，并且最终成为“学习效应”的受害者。

6.6.3 第三层境界：承认亏损的合理性

如果说生活中的完美主义者是那些把避免犯错看得比获得辉煌更重要的人，那么通常做起事来就会畏首畏尾。什么都不做，就不会犯错。在市场上，如果你能承认亏损的合理性，并且能够接受亏损交易是可能会发生的，那么你的交易行为才不会畏首畏尾，才能得心应手。否则前怕狼、后怕虎的拖拉作风，只会最终等到真正的狼、真正的虎。但无论如何，这时的交易者还是希望最大程度规避亏损。只不过他们把获得利润看得比避免亏损更重要。

6.6.4 第四层境界：认识到盈亏同源

这时的交易者已经意识到盈亏是我们左右不了的事情，我们只能从宏观上来寻找概率优势，而在微观上的得失只能交给“天意”来决定。这时的交易者已经发现，无论是盈利还是亏损，我们都在不断地做同一件事情。当我们规避了亏损，同时也就规避了利润。如果说我们的交易方法是具有正期望收益的话，那么避免亏损就是一件不划算的事情。假设我们采用的是趋势跟踪系统，那么正确率必然会低于 100%。这时规避一次亏损似乎并不困难，但问题是这种规避亏损从赔率上来讲根本就不划算。也许这时的交易者，已经开始思考交易的本质到底是什么？人类的智慧在市场面前到底意味着什么？

6.6.5 第五层境界：得失随缘、心无增减

当交易者明白，除了寻找宏观的概率优势以外，我们对市场根本无能为力。他们明白获利的交易来自于我们通常不断出现亏损的交易，让我们规避亏损就等于是在规避利润！如果说这时交易者已经“爱上你的亏损”，可能显得有些夸张。但最低限度应该做到“得失随缘、心无增减”。明白这意味着什么吗？这已经到了我所知道的交易最高境界：放下交易，跳出市场。这是一个心灵成熟的标志，需要很长时间的磨炼。对于交易结果而言，交易者已经从“依赖”转变为“顺其自然”。对于交易信仰而言，交易者已经从与市场的“对抗与争斗”转变为“包容与融合”。

6.7 再三犯错的根源

在交易圈里，经常听到类似的感慨：“我至今没有一套自己的交易系统”或是“我有个很棒的交易系统，但是我管不住自己，就是无法遵守纪律，无法始终如一

地坚持”。赚不到钱、赔钱甚至不敢做交易，总之交易中的一切不幸似乎都可以归咎于“没有自己的交易系统”、“不能坚持自己的交易系统”。相应地，找到了有效的交易系统、坚持这个系统，似乎就可以解决一切问题。真的吗？

其实，只要如实地观察人们的交易行为，就会发现一个截然相反的事实：每个交易者都有自己的交易系统；每个交易者都惊人顽固地坚持着自己的交易系统；而且这个交易系统并不是“寻找”来的，而是根植于每个交易者“体内”。

不是吗？比如，在交易中“被套”的人，他的“被套”通常是“习惯性”的。场景可以不同，结果却总是“被套”。更重要的是，导致他“被套”的心理机制、“被套”带来的心理感受总是一般无二。其他错误，诸如错失机会——眼睁睁看着交易品种沿着他预期的方向远去，却始终扣不动扳机；过度交易——承担过大的风险或交易频率过高等。一个交易者一旦犯过某种错误，就倾向于一而再、再而三地重犯。这里似乎有一种“强迫性”重复的行为模式——同样的剧情、相同的心理感受，反复地、准确地再现。仿佛冥冥中有一种力量，牵着这个人不断跳进“同一个”陷阱。

对此，《股票做手回忆录》的描述是很传神的：“当你把某些错误和失败联系在一起时，不会渴望还有第二次，但是，我会告诉你一些奇怪的事情：股票投机客有时候会明知自己在犯错而仍然犯错。犯了错误之后，他会问自己为什么会犯错，惩罚的痛苦结束后，又经过很长一段时间的冷静思考，他可能知道自己如何犯下错误，也知道什么时候，在交易中的那个特定环节会犯错，但是不知道为什么会犯错。当然，如果一个人既聪明又幸运，他不会两次犯同样的错误。但是他会犯下‘原始错误’上万个‘兄弟’或‘表亲’中的任何一种（同一个错误的变种）。‘错误’这个家族成员非常庞大，因此你想知道你可能做什么蠢事时，总有一个错误在你旁边。”（摘自《股票做手回忆录》第十章）

所谓“‘原始错误’有上万个‘兄弟’或‘表亲’”，实质上就是同一个错误，只是外在形式稍有不同。

如果用系统交易的标准来评价这种事，可以说：①每个犯错误的交易者都有自己的交易系统。虽然交易者本人并没有意识到它，更谈不上清晰地表述它，但是这个交易系统一定是极其明确的，否则不可能一再准确地“复制”结果。②就交易系统执行来说，这些交易者是非常遵守纪律并且始终如一地坚持被套、坚持错过机会、坚持过度交易；③这种交易系统并非来自“设计”，不必费事“寻找”，自然根植于交易者“体内”。这三点恰恰是系统交易的特征所在，是每个系统交易者梦寐以求的东西。

因此，不妨把这种交易系统称作“真实的”交易系统，只是人们不习惯这种说法。与之相对应的，是“形式上的”交易系统，或者说是“设计出来的”交易系统。

就像炼金术士摸索配方一样，一代代交易者孜孜以求地寻找着“有效”的交易系统，希望借此改善交易业绩。这种“寻宝”工作，一百年前是利用纸笔做的，现在则用计算机来做。装备更厉害了，不过性质没有不同，都是在设计“形式上的交易系统”。

这种“寻宝”工作的实际效果并不理想。建立交易系统真正的难点并不在于“找到”一套有效的系统，而是能否在真实的交易环境中实际执行已经“找到”的系统。换言之，能否遵守纪律，才是关键所在。所谓“不能遵守纪律”，实质就是“形式上的交易系统”与“真实交易系统”相抵触。

那么，能否凭借意志力强迫自己“遵守纪律”，执行经测试证明有效的交易系统呢？这正是许多系统交易者准备或者正在做的事情。

对此，勒庞在《乌合之众》中的一段话很有启发性：“传统代表着过去的观念、欲望和感情。它们是种族综合作用的产物，并且对我们发挥着巨大影响。许多政客同上个世纪的学究们相比，仍然高明不了多少，他们相信社会能够和自己的过去决裂，完全遵照理性之光所指引的唯一道路前进。支配着人们的是传统，当他们形成群体时，就更是如此。他们能够轻易地给传统造成的变化，如我一再指出的那样，仅仅是一些名称和外在形式而已。没有对这些传统的破坏，进步也是不可能的。如果一个民族使自己的习俗变得过于牢固，它便不会再发生变化，因为由此造成的结果，或者是打碎的锁链被重新拼接在一起，让整个过去原封不动地再现，或者是上个世纪末，教堂被毁，僧侣们或是被驱逐出国，或是殒命于断头台，人们也许认为，旧日的宗教观念已经威力尽失。但是没过几年，为了顺应普遍的要求，遭禁的公开礼拜制度便又建立起来了，被暂时消灭的旧传统，又恢复了昔日的影响。最不受怀疑的偶像，并不住在庙堂之上，也不是宫廷里那些最专制的暴君，他们转瞬之间就可以被人打碎。支配着我们内心最深处的自我的，是那些看不见的主人，它可以安全地避开一切反叛。”（摘自《乌合之众》）

对民族如此，对个人也是一样。把勒庞的话套用在交易上：许多系统交易者同上个世纪的同行相比，仍然高明不了多少，他们相信依靠一套机械的交易系统就能够和自己的过去决裂，完全遵照理性之光所指引的唯一道路前进。事实上，对许多交易者来说，机械交易系统带来的改变，往往仅仅是一些名词和外在形式而已。支配着交易者实际行为的，仍然是他的“真实交易系统”。在这个问题上，意志的强制没有多少用处，打碎的锁链会被重新拼接在一起，让整个过去原封不动地再现。最不受怀疑的权威，并不住在计算机程序之中，也不是交易者的意志力，这些东西转瞬之间就可以被打碎。支配着我们内心最深处的自我的，是那些看不见的主人，“真实交易系统”可以安全地避开一切“反叛”。简而言之，它会卷土重来。

无意识的力量一旦被意志的决心所阻碍，就马上另寻出路。的确，交易者可以凭借自制力在一段时期内“遵守纪律”，避免犯那些曾经一再犯下的错误。

但是，只要深入观察他的生活，就不难发现：在这段时期，他们虽然“在交易上”不再被套、不再错失机会、不再过度交易。但是，在生活其他领域变本加厉地被套、错失机会、过度交易，他们为这些“错误”付出的代价非但没有减轻，相反更为惨重。战场“暂时”从交易转移到了其他地方，而结果仍然是“得不偿失”。真的如此耸人听闻？不妨实际观察一下。

一种“错误”绝不仅仅局限于交易或其他某个特定的生活领域，相反，它贯穿于一个人整个生活之中。只是场景不同，剧情和心理感受是一样的。

一个被套的交易者，在职业上也会被套，在婚姻上也会被套。

一个错失机会的交易者，在职业上也会错失机会，在婚姻上也会错失机会。

一个过度交易者，在职业上也会倾向于豪赌和见异思迁，在婚姻上同样是豪赌和见异思迁。

一个始终在准备、学习，希望排除一切失败可能才肯开始，因而一直在测试系统、模拟交易，却迟迟不能做真实交易的人，无论在职业上还是在婚姻上，也必然始终在“准备”，却永远不能“扣动扳机”，永远不会为自己的理想采取实际行动。

一个在生活中没有勇气跟踪趋势、没有信心依靠自己坚守原则的人，不能指望他在交易中转而去跟踪趋势。

一个在生活中喜欢控制别人、控制局面的人，不能指望他在交易中不试图控制市场，不试图证明自己比别人更高明。

一个在生活中不能接受损失的人，不能指望他在交易中坦然地接受损失。

一个在生活中患得患失的人，不能指望他在交易中不在乎金钱。

一个在生活中不能和变化和谐相处的人，不能指望他在交易中和市场“亲密无间”。

所谓“真实的”交易系统，其实就是一个人独特的生活方式、独特的行为模式在交易领域的自然流露。

所谓“找到适合自己的交易系统”，就是在交易系统与生活方式之间实现和谐。

如果忽略了交易者本身，交易系统的设计与测试是不完整的，也是没有实际意义的。当一个交易者把“交易系统”内化于心，执行起来就像呼吸一般自然，那么这样的交易者不成功都不可能。

第 7 章

交易进阶和提升投资中的思想境界

华尔街有句话：有老的操盘手，有猛的操盘手，但没有又老又猛的操盘手。经验的价值，在于它能让人懂得敬畏市场，在于它能让人懂得风险控制的重要性，在于它能让人明白只有小心才能驶得万年船。

7.1 交易真不是学来的

为什么有人说很难找到优秀的交易者？

这是因为，只有一个相对优秀的交易者才有可能遇到一位比他更优秀的交易者。其实应该首先问问自己，你有用心地去找吗？天天泡在论坛或看一些所谓的财经节目就能找得到吗？什么是用心地去找，那是一种感受，对交易的深入理解，更是一种坚持。

一两个月甚至一两年赚钱的人很多，但真正能长期生存于市场的人非常少，我敢说，就算有一天这样的人无意中出现在你面前，你也不会相信，你一定会用人性特有的偏见思维去看待他，他是不是骗子？你看他这几个月还不如我做得好呢？诸如此类的话语不时闪烁在你的脑海里。当你下定决心相信他，并且认真观察一段时间他的交易情况，不巧的是系统的亏损期来了，一来就是一两个月，虽然亏损不多，但同期表现比他优秀的所谓“操盘手”太多了，结果放弃了继续跟踪观察这个交易者。等再过若干年后，当你身边几乎所有做交易的人都是亏损累累的时候，你突然间想到这个交易者时，你发现，他已经远远地将所有的人抛在了身后。不知你此时有何感想？

发现一名顶尖的交易者同样需要坚韧和耐心，能够具备这种素质的人本身就是非常优秀的交易者。

交易是不完美的，不是水平的问题，而是人性复杂导致的。价格的波动，就是人性的疯狂，谁都无法 100%保证做对每一次。只能是长期来看，总账是盈利的。对于单次交易来说，不赔就是赚。想想那些稳定亏损的人吧，还有什么不能接受的呢？想把每一单都做对的人，那是痴心妄想，那是追求完美，必会被市场惩罚。

7.2 交易是一场修行

一切众生皆有佛性。

对人性的认识，古今中外、诸子百家各有各的见解。西方文化认为人性本恶，其制度的设计主要是防止人作恶；东方文化倾向于人性本善，最早谈论人本性的是儒学大师孟子，他曾直言“人性之善也，犹水之就下也”；儒学后来发展到荀子手里，他喊出了不同的声音——“人性之恶，其善者伪也”。在人性本恶的观念之下，荀子门下出现了韩非这样的法家人物。法家主张严刑峻法，其出发点就在于人性是本恶；这些认识都非黑即白，过于简单武断，对于人性的认识，佛家最全面、最为深刻。佛家认为，大地众生皆具如来智慧德相，一切众生皆有佛性；但众生因被无明所覆障，不能明心见性证得菩提。

从这里我们可以看出，佛家并不认为人性本善或本恶，而是认为人性兼具善和恶，善的佛性与恶的无明都存在于人性之中，只不过每个人身上的佛性与无明的比例不同；当无明断尽，佛性就圆成了。

修行的目的是遇见自己。在交易中，对人性有所认识同样非常重要。

众生皆有“善”的佛性，这意味着每个交易者都有达到稳定盈利的潜质；交易者不能达到稳定盈利，是因为“恶”的无明存在，故在交易中，交易者需要先制订一整套交易策略规范自己的交易行为，这样才不会被市场牵着鼻子走。

有了策略，即便你身在赌场，也算是“有策略的赌徒”了；没有策略，即使你是治国的君主，也不过是一名“赌徒”而已。

制订策略仅是第一步；第二步是执行策略。

在实践中，制订交易策略其实很简单，只要能抓住你心中的行情，都是好策略；但交易策略执行却很难，这也是人性中的“恶”在作怪，简而言之，就是人性中存在恶，需要用策略来规范交易行为，但人性中的恶会阻止交易者执行策略。解决这个问题，就需要修行。

这意味着任何一样东西都能成为修行的方式，比如扫地也是一场修行，种地也是一场修行，“严格执行交易策略”又何尝不是一种修行！只不过这种方式悟的是交易真谛，相比修佛修道参悟天地大道，其本质是一样的，都是明心见性。

大多数人没有那么幸运，他们只是想做好交易，还没有达到想要修佛修道的境界，故修行的起点没必要非佛道不可，可以直接从修“交易策略”入手。

五毒只能化解不能压制。

无论是修佛，还是修“交易策略”，面临的问题都是一样的，用佛家的话说，那就是五毒，即：贪、嗔、痴、慢、疑。这五毒对应到交易里，是贪婪、恐惧、愚痴、傲慢、怀疑。

有些交易者在交易中能够意识到五毒的坏处，但处理方式是将这种情绪压制在心底，这是修行的误区。

将五毒压制在心底，只会让五毒在心里形成堰塞湖；交易者的内心很强大时，能够压制它，会迎来暂时的稳定盈利；一旦交易者身体有恙或者生活中不如意等削弱内心力量的事情出现，“山洪”就会爆发，交易者会陷入巨亏的境地，这种变故，在我的交易生涯里，曾经出现了三次，每次都是以爆仓而收场。

所以，修行并不是压制体内的交易五毒，而是彻底了解它，然后化解它。如果你去压制它，只会越集越多，最终会如山洪一样爆发。

在交易里，要想化解“五毒”，首先要从交易策略着手，贪婪、恐惧、愚痴、怀疑、傲慢的情绪虽然是由心所发，但它的对象是“交易策略”，故只有正确认识了“交易策略”，心结才能打开。

交易策略可以自己制订，也可以借用别人的，前提是你很信服这个策略。这就好比脚上的鞋，可以自己做，也可以买，但一定要合脚。以此观之，世界上不存在最好的交易策略，只存在与你最合拍的交易策略。

追求完美是“贪婪”的表现。

在制订交易策略或者回测别人的交易策略时，要避免追求完美主义；在生活中，很多人能接受“残缺才是美”的观念，在交易中却陷入了追求完美的怪圈。

我接触过一些交易员，他们辛辛苦苦搭建了一个交易策略，每当自己的交易策略漏掉一波行情，就会去修改策略，试图让策略抓住所有行情。行情永远在变化，他们永远在修改自己的策略，结果还是永远抓不住所有的行情，把自己本来能抓住的也给弄丢了。

股价千变万化，无外乎单边上涨、单边下跌、横盘震荡这三种模式，单边策略天生对付不了震荡行情，震荡策略天生对付不了单边行情。也就是说，你若志在抓单边大行情，肯定会在震荡行情里吃小亏；你若志在做震荡箱体里的高抛低吸，肯定会错失单边大行情，或者会把大行情分成几个小波段吃了，而不是吃掉整个完整的大行情。

追求完美，试图用一个策略将所有行情一网打尽，不仅是贪婪的表现，而且很愚痴，故追求完美也是五毒之一。

股市存在内在规律，这个规律既可测又不可测，可测之中包含着不可测的因素，不可测中存在着可测的部分。

交易策略实际上抓住的是可测的那一部分行情，丢失的是不可测的那一部分行情。每个交易策略不同，故抓住的行情也不一样。

知道当下怎么做比预测未来重要。

交易策略的本质是与市场共舞，即：当市场涨时我该怎么办？市场跌时我该怎么办？市场震荡时我该怎么办？

一个优秀的交易策略不应该仅因市场涨而做多、因市场跌而做空，而是当市场涨到一定程度了才做多，跌到一定程度了才做空；如果要精准一点，可以根据市场的涨跌程度来分配仓位，即轻仓、重仓、满仓。

如果交易者解决了“我疑”，在这里就没问题了；若“我疑”没处理好，这里会衍生出“嗔”，即恐惧，也就是信号出现了不敢执行，具体就是在下跌中出现买入信号时不敢买，害怕买了被套；在上涨行情里出现了卖出信号不敢卖出，怕错失后面的大行情。

化解“嗔”除了先化解“我疑”外，交易者还需明白，知道当下该怎么操作，远比预测未来要重要；出现买点不敢买，是交易者在无意识的预测价格还会跌。

在交易中，预测的再厉害，也要落实到操作层面，即价格达到了预测目标该怎么操作？价格没有达到预测目标又该如何操作？这本质上还是需要知道当下该如何操作。如果仅凭预测做交易，不达目标不罢休，迟早会被市场扫地出门。

“嗔”的对立面是“慢”，即傲慢。交易者多次精准捕捉到行情后，很容易滋生傲慢的情绪，觉得自己很神，忘乎所以后很容易丢掉止损的保护措施，当灾难来临时很快被打回原形。

在市场里能抓到大行情，并不是我们有多牛，而是市场赏碗饭而已。市场不赏饭，纵然你有天大的本事，也抓不到大行情。如 2017 年 4、5 月份的股市，不赔钱或少赔钱已是万幸。

综上所述，投资就是一场修行，修行的目标是明心见性；明心见性后，并不意味着我们获得了某种超能力，而是更加了解自己、了解交易的真谛，找到适合自己的方法，坦然接受交易中的不完美，不与市场对抗，避免交易中的大亏，自然就能稳定盈利了。

所以，任何一种交易策略都只是修行的工具，工具并不能保证让你稳定盈利，让你稳定盈利的应该是驾驭工具的心法。

如果你一直热衷于学习不同的交易策略，忽视化解内心的五毒，很难摆脱亏损的轮回。五毒的化解过程很漫长，需要在不断的交易中领悟。只有化解了五毒，才能获得大自在。

7.3 理解可遇不可求有多难

做多，能不能做到不看多？做空，能不能做到不看空？

拿着单子，能不能不“起心动念”？

拿着单子，能不能不期待立刻就来一个大波动？

拿着单子，会不会影响你的“如实观照”？

有单子、无单子，你的“容忍度”能不能保持同样的状态？

天道即是人道，人道即是人性，人性是无常的，无常的表现即是可遇而不可求。

在和一位好朋友聊到交易中的运气时，他问我为什么他的运气总是不好，点儿特别背。我对他说，我喜欢把运气看成是对自己长期努力工作的奖赏，而不是一瞬间的，追求短暂的运气是没有意义的，有时候短暂的好运气反而会埋下灾难的种子。好运气是可以创造出来的，特别是在交易中，坚信自己的交易策略，执行交易系统发出的每一个交易信号，认真做好每一步细小而基础的工作，如果发现问题马上弥补，日复一日，年复一年，从长期来看，就会比绝大多数的人增加了更多成功的可能性，运气自然就会站到你这边，给自己一些时间和空间，慢慢会发现，其实你的运气还是很不错的。

本人不太相信运气，所谓好运气只会光顾那些平时努力勤奋的人。所谓坏运气也一定会经常光顾那些平时不注重细节、急功近利、得过且过的人。

与大家分享一组国外权威的真实数据，经过统计，在全球每年发生车祸的交通事故中，无论是肇事者还是受害者，在平时的生活中不遵守交通规则、不了解交通法规，甚至有很多不良嗜好（吸烟、饮酒、熬夜）的人占车祸总人数的 80% 以上。这个事例说明，无论好运气还是坏运气不会无缘无故找到自己，一切都源于自我本身。

坚持自己的信念，努力勤奋工作并不能保证一定成功，但是一定会增加更多成功的可能性。得过且过、急功近利只会给自己埋下灾难的种子。

很走心的一句话："我"是发生在我身上所有问题的原因。

交易=心理状态（60%）+资金管理（30%）+系统开发（10%）

大多数人强调系统开发，而忽略其他两个领域。其实，在交易实盘中，最为重要的是心理状态。我相信交易超过一年的人都懂得资金管理，能说出很多道理，但为什么很少有人能将资金管理做好，就是因为心理出现了问题，人的心态是很复杂的，总会想一些自以为是的东西，交易系统研究也不难，用软件几天就可以做出系统，但难的是执行，特别是连续地执行，更要依靠稳定的心理状态。

我的亲戚也做股票，他让我教他方法，可是他用我的策略几乎没赚过钱，而我盈利很多，为什么会这样？因为他执行不了。交易中最关键的因素还是人，不是方法。

在心态控制中，只有亏了该亏的钱，才能赚到该赚的钱。这是肯定的。

在交易中，特别是盈利单，眼看着利润慢慢回撤，没有到达交易系统的平仓位置或者反手位置而不能动手，这是对心理的考验与煎熬，这种情况太常见了。其实这不是一两次可以解决的问题，而是一个长期连续的过程，想通了这点，心理障碍就好解决了。在盈利头寸趋势没有衰竭之前，过早落袋为安的思想是极端错误的，也是大多数人经常做的。如果落袋为安可以让你赚够一辈子的钱也就罢了，但是交易不是一两次就会结束，下次难道不做了吗？

交易没有绝对的正确，只有概率。必须接受错误，接受亏损。向错误学习，这也是交易者成熟的表现。可以不接受，也可以不认错，还可以不诚实，但是账户的收益会给出教训。不诚实的人、多疑的人都做不好交易。在变幻莫测的市场中，资金权益曲线会让你变乖。不接受亏损的人，是赚不到利润的。耍小聪明的人，也是做不好交易的。

7.4 在交易中把自己当成一个傻子

很多朋友问我，如何在交易中保持良好的心态，做到心无旁骛、静如止水？我对他们说，那就让自己暂时变成一个傻子吧，在交易中如果你的智商只有鹦鹉学舌的水平，那么恭喜你，你接近成功了。

在交易中，交易系统难以执行，很多人认为是因为没有一套“好”的方法或者没有好的“运气”。其实这些都不是重点，最重要的就是交易者都太聪明了，认为可以通过自己的聪明才智看透市场行情，掌控市场，甚至预测未来。

到最后就会发现，在无比强大的市场面前，你会被市场耍得团团转，一批又一批的交易者就这样不断成为市场的“点心”，而且乐此不疲。

但是，有一种人可以在市场中变得更强大，在漫长的岁月中学会如何敬畏市场、尊重市场、了解市场，并最终和市场成为朋友。这种人就是在市场面前永远把自己当成傻子，他们从来不主观预测行情，因为他们知道一切预测都是徒劳，他们更不会自作聪明地去占市场的便宜，因为无数事实证明，有这种想法的交易者最终的结果都是“偷鸡不成蚀把米”。

或许“精于算计”的能力可以在 99%的行业中占据巨大优势，但在股市期货交易中完全行不通，最终算计的结果都是“聪明反被聪明误”。

有很多朋友经常问我一个问题：系统该如何改进和优化？其实适度的优化策

略是可以的，但如果总想把自己的交易策略优化到成功率 90%以上，抓住几乎所有行情，规避所有亏损，哎，省省吧！

文中不止一次讲过，交易就是要坚守一种理念，相信自己的系统和策略，终有一天会给你带来丰厚的回报。

客观地说，在世俗诱惑的世界里能长期做到这一点的人太少了，一个正常人在亏损期都会质疑交易系统、市场，甚至自己，最终放弃了自己本该坚持的理念。我说过，客观地接受系统的亏损期是交易最基本的逻辑，如果违背了这种逻辑，稳定盈利一定会与你渐行渐远，终将被市场淘汰。

钓鱼的时候，谁也不会事先知道鱼什么时候上钩，我们只有专注地坐在那里等，我认为等待的过程往往比最后钓到鱼的那一瞬间更精彩。不要再给自己找任何借口，踏踏实实工作，太精明算计的人在交易中注定是失败的。

有很多人连续两个月亏损，通常都会有一种想法：这两个月亏损的钱顶上我半年工资了，还不如不做，还是踏踏实实去上班吧。交易和我们正常的上下班工作是完全不同的概念，是不具备任何可比性的。

还有很多人总是用做生意的心态来看待交易，认为投入了就一定要有收益，绝对不能做赔本的买卖。话说的有道理，可是用在交易上就错了，交易注定绝大部分时间是在做赔本买卖。有很多其他领域非常成功的人为什么在交易中总是难有作为，原因就是他们太聪明了，总想掌控一切，在其他方面或许这些成功人士有主导权，也有一定的控制力，他们认为自己绝对不会失败，什么都在掌控之中，但是在交易的世界里，任何人都是渺小的，就算比尔·盖茨把他的全部资产都砸进来，也可能会所剩无几。因为你永远不知道你背后的对手盘实力有多强大。

我在交易中也常见到一些朋友有算计的心态，比如，当交易绩效出现回撤的时候，大部分人都持有不同程度的怀疑并选择了放弃，而当权益曲线不断创出新高的时候，大多数人都会选择继续交易，这样就会导致该亏的时候亏了，该赚的时候你离场了，怎么可能有盈利的机会？

有朋友把我的实盘账单所有交易数据进行整理，将我每一笔交易的时间价格都进行了量化分析，自认为知道了交易系统的核心参数，还怀疑我保留了部分细节没告诉他，其实我只不过是将前面所讲方法反复运用而已，没有特意隐藏的秘密。

交易系统就相当于我的血液，里面的精髓只有自己才能真实感受到。如果只是一知半解，从长期来看真的会把自己害了。

在过去近十年的交易过程中，我所看到的最终可以稳定盈利的人都是平时对绩效不怎么关心，看起来傻傻地坚持自己的交易策略，不在乎别人的冷嘲热讽，找到了适合自己的交易方式，踏踏实实做好每一步的交易者。而那些平时精明算计，只看重眼前利益的人必然会被市场淘汰。

交易系统就是自己最亲密的伙伴和战友，在诡谲多变的行情变化中坚守和信任是对战友最大的尊重，每天朝三暮四，不切实际地企盼得到“完美”的想法最终将把自己埋葬。除了交易之外，我们还有家庭、亲情、朋友，不是吗？

7.5 交易是一场等待游戏

交易是什么？我认为就是一场等待的游戏。在入场之前没有人知道接下来会发生什么，可能盈利，也可能亏损。我们能做的只有两个字“等待”！

有很多交易者不知道自己在等待什么。我们等待的不是运气，不是胡思乱想，更不是主观揣测出来的结果和预测，而是在等待交易系统发出的每一个进出场信号。等待的过程并不是静态的，而是一个坚持交易理念的过程，在价格高低点出现以前，我们永远无法知道，这就是交易的真谛所在！

等待的过程对于 99%的人来说是痛苦的、煎熬的、难以忍受的，这其中充满着自我怀疑，对策略的怀疑，对市场的怀疑，还会受到各种因素的干扰，甚至会受到很多人的冷嘲热讽，有时候想做交易不就是这样吗？从做交易的第一天开始，压力、恐慌、担忧，时时刻刻都充斥在自己身边，作为一名交易者能做的只有接受，否则就不要去做交易。

从长期来看，可以稳定盈利的交易者都是合理建构并执行交易系统，在交易中始终如一，用超乎常人的耐心去等待信号的人。

交易本身就是一种很难坚持的行为。

我把自己的交易系统写出来，读者能不能坚持不是我所能左右的，真正懂交易的人都知道，没有永远盈利的交易系统，也没有不回撤的交易系统，任何策略都会有回撤或亏损期。交易市场的生存定律就是如此，无论有多少人拥有了多么完美的交易系统，无论是什么原因和理由，到最后只有极少数人可以稳定盈利，这就是铁律。交易本身就是很多人不能坚持的行业，如果很容易就坚持下来那就不是交易了，和上班拿稳定工资没什么区别了。

在交易中没有人希望自己赔钱，希望自己的每一笔交易都赚钱，可是现实情况是这样吗？这完全违背了市场存在并得以永续发展的必要条件。交易最基本的逻辑就是：只有亏掉该亏的钱，才有可能赚到该赚的钱。

在交易中很多朋友更希望找到那种舒服的感觉，人为地干预交易计划，在短期内有些干预的确很成功，但从长期来看，他已经距离自己所挖的交易坟墓不远了。钓鱼的时候，守候 10 个小时只有最后 1 分钟钓到了鱼，我们能说前面等待的时间是多余的吗？恰恰相反，等待是极具价值的。行情也是这样，谁也不确定下一个交易日是否适合交易，那又能怎么办呢？自己的交易策略该执行的还是要执行，在该亏钱的日子里亏钱是一件好事，这是你在该赚钱的日子里可以赚到钱的重要保证，那种只想赚钱不想亏钱的心态最好还是留在梦里吧。

在交易中我们追求的是长期稳定盈利，权益不断创新高的一个结果，而不是追求短暂的舒服而迷失了自己最终的价值目标。

其实对于交易中的每一个人来说，路还很远。

7.6 心理情绪的维护

交易是一种心理成本极大的消耗行为，因为交易者处于不间断的应激状态（紧张），无论你是否盯盘，是否委托别人操盘，都回避不了，只要在乎就必然会在无形中消耗自己的心理成本，只是不同的人消耗的程度不同而已。

下面我先从医学角度说明一下交易过程中过度紧张带来的危害，再谈我个人的感悟。

人体中有一种肾上腺，也叫“压力荷尔蒙”。当人处于应激状态时，肾上腺素大量分泌，导致压力提升，感觉到任何事情都无法掌控，当压力持续出现时，苦恼与挫败感会让可体松从肾上腺爆发出来。适时分泌可体松，可协助对抗压力。面对压力时，身体会重新分配各个器官取得资源的优先权，集中力量作战。如果压力持续，过多的可体松会让血压不稳定、胃酸增加、骨质变化、大脑皮质细胞缩减、记忆力变差，还会压抑免疫系统。可体松增加，会抑制胰岛素的作用，让许多糖分进入不了细胞，造成血糖过高。自觉养分不足的细胞会发出饥饿信号，让大脑积极摄取碳水化合物的欲望提升，同时让蛋白质与醣类转化成更多脂肪，带动体内脂肪重新分布。长期下来，容易得心血管疾病。腰部脂肪的厚度和许多慢性疾病成正比。

长期压力的影响有多大？即使只是 20 分钟、片段的压力所分泌的可体松，就可以压抑免疫系统长达 3 天。即使只是一直想着有压力的事情，光是这些念头，就可以激发可体松，引起不良反应。大家想一想，交易的压力会有多大，从你持仓的那一天开始，脑子里永远都会想着持仓这件事，不仅仅是想着，还会担心、期待，这些通通都是压力。

对于交易中压力问题的解决方案到目前为止我个人也没有很好的办法，以前有人说拿自己不在乎的钱来交易就可以了，这句话听起来好像有道理，但这是一个悖论，因为拿自己不在乎的钱来交易绝对不可能赚到让自己在乎的利润，既然赚到的钱对自己的意义不大，那做交易的意义就不大了。所以我把这句话改了一下：既不要拿自己在乎的钱交易，也不要拿自己不在乎的钱交易，而是拿自己赔得起的钱交易。大家慢慢体会一下。

还有一个办法就是完全放弃主观交易，以右侧交易为基本理念，完全机械化执行信号开平仓以及头寸管理，虽然右侧交易不能100%解决交易中的压力问题，但它可以将压力控制在一定范围之内，因为有了强大的系统数据做基础，你对未来就可以心中有数了。

以上这些资料是我咨询过很多医学专家总结出来的，主要是想告诉大家，交易不是生命的全部，不是非做不可的。每个人的性格、生活经历、经济物质条件都不尽相同，要量力而行，做交易千万不要勉强，有多少钱做多少事，如果交易让你感到不舒服，那我建议你可以考虑放弃，找份适合的工作也是不错的选择，尺有所短，寸有所长，术业有专攻，什么事都看淡一点，在交易之外也有一片天。

要在市场中赚钱，必须独立思考，并保持谦卑。必须独立思考，是因为人云亦云无法让你赚钱，众所周知的事情早就体现在价格上。已经形成的价格就是“市场共识”，然而无论何时，与市场共识对着干，出错的概率都是很大的，因而必须谦卑。

经济是可以预测的吗？行情是可以预测的吗？盈利是通过复杂的分析数据得来的吗？存在完美的交易系统吗？在公开的网络上，我们所看到的 99%的投资、交易方面的信息都是看似正确的误导，对个人投资者完全是负面作用。

世界上所有的事情都是多面性的，都是不断变化的，同样一套方法对于某些人是有效的，但对于另一些人是无效甚至是有害的，即使同一套方法、同一个人，在某些时候是有效的而在某些时候也可能是无效的，有些东西是学不来的，别人可以做的事情自己未必适合。我总说一句话，做股票期货交易最重要的是量力而行，千万不要勉强。交易里面的水很深，它就是一部无形的绞肉机，深不见底。和其他职业完全不同，无论你是任何人，有什么社会背景，只要投身于交易，都会将自己的性格弱点完全暴露出来，会经历一次又一次市场的洗涤和震荡，直到你崩溃为止。所以我真心建议大家，一定要在自己风险承受之内做交易是最恰当的，一定要根据自己个人的情况来制定适合自己的交易策略，知行合一的道理就在于此。

人生原本就充满不确定性，这是大多数人恐惧的根源。一旦恐惧产生，人就过度地关注当下。我们活着，本质上是掌握一个“度”的问题。要恰当地关注当下，且对未来的不确定性做好应对计划，没有好恶、不带主观地祈求，一切顺其自然，那就是随缘了。人有了悟性，知道恰当地关注当下才能更好地“得到更多”。

是人，就会在舍与得之间徘徊，徘徊之间充满了痛苦与快乐，这没什么不对。如果你能有所悟，把握一个恰当的度，情绪就会相对稳定。

做证券交易涉及三个要素：理念、方法和执行。对应着人，即必须具有悟性和相应的性格。悟性决定了一个人的理念和方法，性格决定了一个人的执行力。因此，证券市场的成功模式是无法复制的。

交易是一个不断追求合理性而不是正确性的过程。在交易中追求完美的正确性是交易的毒瘤，从长期来看，会将自己拖入完美综合征的黑洞中。

在交易中追求合理性的意义在于，它不会局限在某一段时期的行情得失，而是将时间周期拉长，渐渐体现出具有数学统计特征的绩效。从长期来看，任何一种系统都会遇到很配合的行情，相应的绩效就会上升，但是有一个前提条件，那就是在行情不配合的时候只能等待适合自己系统的行情出现并且忍受着亏损。等待的这个过程就是交易中追求合理性的过程，合理性并不是根据盈亏来划分的，而是根据是否执行了系统的信号而认定的。就像美国男篮职业联赛一样，最后赢得总冠军的球队没有一支是以三分球战术为主的，都是主打内线以两分策略为主导，因为从长期来看，三分球没有显著的统计特征，它只在局部的一段时间可以具备优势。

有时候短时期的不遵守交易纪律而赚钱了，但是从长期来看可能这就是自己慢慢走向交易坟墓的开始。交易者最终的绩效不是由主观意志决定的，而是由每一个合理的交易动作而累积出来的，只要做好每一步，从长期来看，正期望值的绩效必然会出现。

7.7 始终如一地坚持自己的交易系统

市场用最朴实无华的现实告诉了我们颠扑不破的真理：投资市场永恒的规律是 90%的人亏损。任何人都不可能改变投资世界的自然法则。并不是说这个行业有那么难，而是因为我们绝大多数人都有着无法抗拒的天性——怀疑系统。这种致命的天性最终导致我们投资失败。

信任和严格遵守一个良好的交易系统是交易中最艰难的，现实中，总会因实际交易中的种种不如意而变得难以执行。

投资的成功就是盈利模式的重复做、大量做。只有这样才能显示出这种模式的大概率特征，才能实现稳定盈利。

任何一个期望值为正的系统，只要一直坚持并合理管理资金，都可以让我们大幅获利。盘感交易由于缺乏一致性，从而导致收益极不稳定，大起大落。

很多人因为怀疑和不能坚持按照一个交易系统操作，才被永远挡在了成功的投资市场之外。

市场总是逼着我们改变自己的交易策略，一旦改变，必输无疑。

交易的全部秘诀就是：始终如一地坚持自己的交易系统。

投资的成功不是看你的工具有多么强大和优秀，而是看你能否用好交易工具。在通往财富的道路上，最有效的策略就是专注和坚持一个良好的交易系统。专注和坚持可以产生不可思议的力量。当你真正做到这一点时，可能创造出自己都不相信的奇迹。

坚持使用一个被概率证明有效的交易系统是小人物成就大事业的不二选择。任何交易者都必须有将小事做成大事业的决心和信心。不要轻易怀疑自己验证过的良好交易系统。

超级操盘手比的往往不是技术，而是素质。

成功的交易者有着与众不同的品质，他们拥有正确的思维方式、严谨的交易态度、强烈的自信心和面对失败永不言败的精神，即使在系统最困难的时候，他们也能完全按照系统交易。因为他们知道：成功就是要有远大的目光，克服人性短视的弱点，有坚持一个固定盈利模式的耐心和信心。

贪婪和恐惧的深层次原因在于交易理念混乱和资金管理不合理。

在人的一生当中，有两种情绪一直主导着我们的生活，甚至可以说是决定着我们的命运——贪婪和恐惧。投资是生活的一个缩影，是一个被缩小了的生活。置身于投资世界的人们，同样面临着恐惧和贪婪的诱惑和驱使。投资世界赤裸裸的金钱交易，更加放大了这些情绪。以至于我们的思维、心情在恐惧和贪婪中完全迷失自我。

在交易时，我们不要奢望能在趋势中捕捉到全部行情。严格执行交易系统的信号即可，剩下的就是等待市场的奖赏。市场是一个永不停息的交易市场，即使我们错过了一次好的机会，只要有耐心，控制住恐惧和贪婪，总会等到下一次良好的交易时机。实际上，大多数人控制不住自己内心的恐惧和贪婪，在丢掉合理的入场时机后盲目追涨杀跌，在系统没有出现止损的情况下，平掉了本可以大赚的仓位。

几乎所有失败的交易者都会因为交易理念的混乱，不懂得交易盈利的哲学原理，致使他们不能接受系统中出现的亏损，从而也就享受不到大幅盈利带来的震撼。在交易中，亏损只是我们为了获得最终胜利必须付出的成本和代价，它就像人类的呼吸一样自然。然而很多投资者在经历了几次连续亏损后，往往因为对未来不可预见的恐惧感，从而放弃了一套优秀的交易系统。一个成功的交易者必须要培养正确对待亏损的认识和心态。只有认识到亏损在整个交易系统中的意义，才能在一种无压力的心态中进行当下操作。

除非你能够从交易理念上坦然接受亏损，否则你永远不会成为一名盈利的交易者。为了追求全局的盈利，就必须接受暂时的亏损。

如果我们有正确的交易理念，能够深刻理解成功的交易其实不关乎趋势多空的判断，而在于严格遵守纪律，那么我们还会在系统发出信号时对趋势的多空摇摆不定吗？如果我们能够深刻理解交易和趋势无关，只与交易信号有关，我们还会心神不宁地看外盘、听消息、在盘中随意操作吗？如果我们深刻理解投资盈利的交易哲学，亏损只是我们捕捉成功的必由之路，我们还会不接受亏损而去追求高胜率的交易系统吗？如果我们懂得所有交易系统只能捕捉特定的一段行情，任何系统都不可能将所有波动一网打尽，做得多不一定收益多的道理，我们还会贪婪地想拥有所有的利润而胡乱操作吗？

交易与其他无关，只和系统的信号有关。什么看外盘、听消息、问专家，这些除了使自己更加焦虑之外，对我们的交易没有丝毫帮助。只要系统显示的是做空信号，哪怕全世界的人都看多，我们也只能做空。严格地按照系统操作才能保证亏损最小化，利润最大化。交易界有一句名言："一个优秀的操盘手是一个没有观点的操盘手。"

还有一种情况会导致我们恐惧和贪婪，那就是资金使用不合理。

重仓、满仓、不断加仓会使自己的操作资金承担过大的风险，这种赌徒式的操作方式只能导致两种结果：要么暴利，要么爆仓。从而使交易者极度恐惧，在行情还没到达指定止损位时，就匆匆平仓出局，导致整个操作变形或由于恐惧放弃一个原本良好的操作系统。

交易是一种在收益和风险中寻求平衡的学科。我们既不能一味重仓，也不能一直轻仓。而要按照自己的承受能力，固定仓位。比如，本人一直都是七成仓，不管做什么品种都是。仓位固定的意义也是概率优势的一部分。如果不固定仓位，极端情况下，赚的时候是小仓位，亏的时候是大仓位。

一套良好的交易系统是起点，执行力是难点，对自己切实可行的交易策略是重点。交易世界的纪律问题，往往能够通过细化交易系统，以适应自己的性格；设计优秀的资金管理，以减轻交易时的心理压力；修炼交易内功，以防止对投资的不正确认识导致的随意操作；固化交易流程，以便能够轻松地遵守交易纪律。

技术只是成功道路上一个微不足道的障碍，良好的技术应用的背后是深厚的交易内功。

我们不但要有交易系统，还要有信念系统。

在交易中我们如何对自己的交易系统形成坚定的信念呢？答案很简单，那就是熟悉系统、理解系统、融合系统。交易技术是交易哲学思想的具体体现，只有这样的技术才能根深蒂固，应用起来才能行云流水，而不会障碍重重。

交易者只有将操盘技能训练成一种交易习惯，训练到极其熟练以至于不经过思考的境界，才能真正抵制盘面中的诱惑，才能完全达到按系统信号操作而不变形的能力。

交易是一场马拉松，而不是一场百米赛。在这场旷日持久的比赛中，看的不是谁跑得最快，而是谁跑得最稳。

我们通常长期专注于我们所熟悉的几个品种，这样我们就能很快地熟悉这几个品种并和这几个品种形成某种程度的默契。使自己的心率和市场的波动相匹配，才能在交易中达到一种舒适、自然的境界。

交易是一种游戏，轻松、简单和按部就班才能在竞争中实现盈利。如果你在每天的交易中都感到焦虑和恐慌，心神不定，那么可以肯定的是你不知道自己在等待什么。换句话说，你的交易规则模糊，摇摆不定。否则，信号到位不到位是一目了然的，哪儿还有什么焦虑？

坚决按照系统操作，眼睁睁看着轻而易举能够赚到的钱却回撤的一干二净，这有悖于人性的贪婪。交易就是这样，在不断和自己的人性做斗争中逐渐成长。只有你将原本不舒服的交易逐渐变得自然流畅，你才能成为一名成功的操盘手。

交易带给我们的不只是金钱，更多的是智慧的彻悟和人性的归真。

7.8 孤独的交易员

交易不是看一时的成绩，只要不离开这个市场，最终还是要看谁能走到最后。而能走到最后的，注定是一个孤独的交易者。

7.8.1 坚持自己的观点

有一天，我的朋友问我："棕榈油最近跌了很多，我觉得可以买点儿，你怎么看？"我告诉他我是空单，不建议做多。他笑了，然后买了一些棕榈油。过了几天，棕榈油再次下跌，他又买了一些，持仓均价有所下降，然后他问我："跌成这样了，你出场了吧？"我说"没有"。又过了几天，棕榈油强势反弹，V形反转，我的空单利润消失了大半，而他在一个相对高点平仓，赚了很多钱。

我错了吗？没有，我坚持了我的观点。他错了吗？没有，他坚持了他的观点，并且赚到了钱。他的方法比我的好？我不知道。

大多数人都喜欢以一次交易的成功或失败来判定交易方法是否有效，而不是看长远。都喜欢去追捧那些短时间实现了暴利的交易策略。但是在交易中，暴利不重要，胜率不重要，甚至一次的成功与失败也不重要，只要你还在这个市场中交易，活着最重要。

所以，我不去辩解我和朋友的方法哪个更好。按照自己的方法交易，利润的消失是我系统的一部分，我没有丝毫的不适感，也不会因为这一次他赚了钱就相信自己的交易系统比他的差。因为我知道交易是孤独的，我的对手是我自己，我需要关注和完善的是我的交易系统有没有出现漏洞或者不可控的地方，而不是去追捧别人短时间内赚钱的方法，那不是我的交易，不羡慕，更不会去模仿。

很多人不解，为什么不去学习或者模仿更好的方法？市场上很多大师级的交易书籍，内容很丰富。为什么大多数投资者看了之后依然无法实现稳定盈利？为什么同一本书在一个人眼里是神作，在另一个人眼里却是垃圾？为什么大多数人无法形成自己的交易系统，或者形成了自己的交易系统，无法始终如一地去坚持它，本质的原因是什么？答案很简单，是因为外面的世界太精彩，交易者迷失了自我，忽略了最该关注的核心，即坚守自己的方法。

在市场中，交易方法有很多，有做趋势的，有做震荡的，有做日内的，有做基本面的，还有套利的等。哪个方法比较好？我无法给出答案。但是我可以肯定的是，对于趋势高手来说，趋势系统就是最好；对于基本面高手来说，基本面分析就是最好，道理很简单。但是，很多趋势型交易者在看到日内交易员的资金曲线后放弃了自己的方法，去追求更小的回撤。也有很多日内高手看到别的交易者满仓隔夜暴赚之后放弃了自己最擅长的方法，去追求一夜暴赚的快感。他们都忽略了，自己一步一步悟出来的方法才是真正适合自己的方法。

“有些人，假如他们本来不知道某件事的话，你是不可能告诉他们的。”伟大的不确定性哲学家优吉·贝拉曾说。随着交易的时间越来越长，我对这句话的感触也越来越深。人的本能对未知有一种恐惧，只有将这种恐惧定义之后，才会接受它的存在。很明显的例子，就是大多数投资者喜欢为行情的上涨或下跌找一个理由，比如，今天铁矿为什么涨？因为港口库存的下降或者进口方面出了某个新消息。如果没有收到任何消息，行情却大幅上涨的话，他会惶恐，他迫切需要一个符合他的思维模式的解释，否则会觉得自己跟不上市场的节奏。所以当你把你理解但是他还没有理解的理念告诉他，他会主观地按照他的理解能力下定义，并忽略他理解不了的部分。

交易是孤独的，你的交易系统就是你对交易理解的外在形态，是你一步步搭建起来的，融合了你所有的思想、理念、性格特点。交易系统的理论成型之后，可以在实战过程中检验你的系统，不停完善，改善一些细节，发现漏洞，堵住你所能想到的所有可能存在的风险。这个过程使你对交易的理解越来越深，对人性的理解也跟着加深。这条路别人参与不了，因为他不知道你的经历，不懂你的思维模式，不懂你对风险的理解。认知的局限在这个过程中将体现得淋漓尽致。到最后，你会孤独地修炼自己的交易之道，修炼自己的内心。你对周边的一些噪声的存在习以为常，你开始欣赏别人的交易方法，你对这个世界的理解、对交易哲学的理解越来越深刻。所以，大师级的交易员都会在自己的著作中提到哲学，更有意思的是，很多读者会怒斥作者说了废话，根本没有把主要的东西说出来，恰恰相反的是，他们其实已经都说了。

总之，交易不是看一时的成绩，只要不离开这个市场，最终还是要看谁能走到最后。能走到最后的，注定是一个孤独的交易者。

美国期货专家“市场轮廓理论”的作者施泰美亚总结出一个非常精辟的公式。

交易结果=市场理解×（交易策略+自我认识）

从长期看，交易成绩是一个人以他的整体或全部投入到市场中运作的结果。交易者投入的不仅是资金、精力和时间，知识水平和分析能力同样不可或缺，更为微妙的是，交易者的品质性格、哲学价值观、艺术素养以及宗教信仰都会对最终的交易结果产生决定性的影响。

7.8.2 市场是最好的镜子

市场就像一面镜子，真实反映出你内在的一切，你所有的包装和面具都毫无用处。一个交易者短期的盈亏有一定的偶然性，但长期而言，是源于某种内在机制的推动。商品价格有走势图，每个人的资金曲线也是一个走势图，就这个角度看，我们实际上是在交易自己的“内心”。

我们常说“我无法控制自己”，这个“我”就是有意识的头脑，这个“自己”则是内在无意识的冲动。我们既是控制者，同时又是被控制者。

人的意识部分只占 10%，无意识部分却占 90%。无意识就像冰山隐藏在水下。

意识是人智力和理性的部分，意识不太稳定，经常处于摇晃、犹豫不决的状态。人的意识来自后天的培养，如社会规范、礼仪、观念以及学校的教育。人有意识的部分不是先天就具有的，也不是内在的自然成长，而是在长大过程中家庭和学校强加上去的，它只是一个面具，所以没有决定性的力量。

无意识是盲目的冲动。它是与生俱来的习气，所以有着强大的力量。我们内在的贪婪、暴力、愤怒、嫉妒等都属于无意识。这些习性是文明社会所谴责的，所以这些无意识被我们压抑在暗处，但它们仍然跃跃欲试要挣扎出来。

我们行动的力量往往出自无意识，而不是出自有意识的决定。这和我们通常所认为的恰好相反。当我们内在意识和无意识发生冲突的时候，最后占上风的往往是无意识。意识可以做出一个决定，但这个决定的背后没有力量的支持。

有一个伊索寓言非常能够说明这一点。一天一只乌龟来到河边准备过河，这时一只蝎子上来搭话：“我也要到对岸去，你能不能把我放到你的背上载我一起过去”。乌龟笑着说：“你以为我是傻瓜吗？一旦你在我的背上咬我怎么办？我可不想冒这个险。”蝎子不屑地说：“我看你白活了这么多年，你连基本的逻辑都不懂，如果过河的时候我咬死了你，我不也跟着淹死了吗？”于是乌龟就同意背蝎子过河。刚过了河中央，蝎子就咬了乌龟。乌龟临死前问蝎子：“你的逻辑哪里去了？”蝎子说：“我也很后悔，我自己也活不成了。我是承诺过不咬你，但这不是逻辑问题，这是我的本性，理智上我知道不应该咬你，但我没有办法不这样。”

意识和无意识经常处于冲突中，这是人类大部分紧张和焦虑的根源。正因为我们内在无意识的骚动才使得我们一个人的时候很不自在，我们对别人、对各种活动的热衷都只是逃离自己的方式。

每个人的智力和意欲比例不同，差异甚大。一般人无法超越生存问题，时时被意欲所驱使。被意欲驱使的认识力必然是主观的，为狭隘的个人目的服务，纯粹而客观的智力对普通人来说是一种奢望。被意欲驱使的智力只能看到局部、个体和现象，不可避免造成扭曲和片面。投资更是如此。

水面平静时相当于一面镜子，这就是心如止水的意思。如果水在加热沸腾的情况下就会失去镜子的功能，无法清晰映照事物的真实面貌。这时的镜子如同哈哈镜，一切反映在里面的事物都被扭曲。

意欲是热是火，智力是水。智力是意欲的工具，在意欲的驱动下，智力必然失去清晰和客观。少数情况下，认识力可以作为意欲的冷却剂，用水熄灭欲望之火，这样就产生了无欲无求的圣人、修行人。无欲无求的达成不是通过压抑而是通过了解和领悟，领悟到欲望带来的痛苦和欲望最终的无用。人本身就是欲望的化身，众多欲望的集合体。做不到无欲，只能争取达到老子所说的“少私寡欲”。

所以，我们应该致力于通过各种途径提升我们的意识，即提升智慧。

大多数交易者在市场上失败最重要的原因是对自己人性上的盲点毫无察觉，他们多次掉进同一个陷阱。大部分情况下，智力受意欲的操纵，尤其在涉入你的情感和愿望的情况下，相信这样的智力就等于相信一个瞎子的眼睛。

就我们目前的内在而言，我们还没有一个中心，我们的内在是由很多不同甚至相反的部分拼凑而成，有很多不同的声音在叫嚣，我们的内在是一个乌合之众。

我们常常做出一个决定，但很快又后悔，因为没有一个中心能够做出真正的决定。一个人无法承诺，因为他的内在有很多相互矛盾的东西各自为政。我们有时无法入睡就是因为各种矛盾的思想在头脑里不停地撞击。

7.8.3 别让虚幻蒙蔽了心理

如果你过分渴望一个东西，大脑就会制造幻觉欺骗你，给你一个虚假的满足。我们晚上做的很多梦就是大脑给的安慰，白天不能满足的，由梦境来满足你，以缓解你的紧张和焦虑。

建立头寸之前，一般人能够保持相对客观，但建立头寸后则很难保持。智力被意欲收买，这时的智力无法被信任，相反意欲操纵了思维，并寻求思维对自己的错误决定给予支持。这时的思维排斥任何相反的观点，对任何不利于自己头寸的盘面迹象和信号视而不见，具有倾向性，因为染上意欲的色彩。正是因为这样，始终如一的交易系统至关重要。

一旦进入市场，思维就变得不可靠，无法信任，所以建立一个适合自己的交易系统非常有必要。例如止损，我们常常无法执行事先计划好的止损，而且还会为自己不止损寻找理由，将自己的行为合理化，因而放大止损，有第一步就有第二步，最后造成重大亏损。

大脑还有这样一个倾向：你应该去做而不想做的事情会被推迟，这是欲望的一个诡计。这就是止损被一再推迟的原因。

在交易过程中常有这样的现象，我们事先对某次交易进行了详细的分析，制订了周密可行的策略，真正落实到交易活动过程却变得面目全非。因为我们对于无意识的冲动给交易活动带来的冲击还没有充分的认识。

我们所有的理论、分析、策略属于理性部分，但这部分很脆弱。非理性部分却非常强有力。理性的头脑只能建议，决策权和行动能力属于非理性部分。就好像专家没有决策权，而掌握决策权的人又什么都不懂。明明知道重仓是不好的，频繁交易是不好的，与市场赌气是不对的，但我们还是没有办法不这样。所以无意识的冲动对交易活动的最终结果有着非常大的破坏力，谁占据主导地位将决定我们整个投资生涯的成败。

一个人必须花很大的力气去穿透自己的无意识，经常性地捶打和练习是必需的，仅仅理智地了解不会有太大帮助。

永远要记住：我是所有发生在我身上事情的原因。所以一个人首先要变得真实，这是在期货市场能够成功的首要条件。一个虚假的人很难在市场上生存，因为他不习惯面对事实，只会自欺欺人。

7.9 几个常见的交易心理陷阱

人性中的很多品质能够帮助一个人在其他行业获得成功，这些品质在交易市场却变成了毒药。如钢铁般的意志、不屈不挠的精神、勤奋、乐观、自信。

在我们的成长过程中，出于生存竞争的需要，我们形成了一个很坚硬的自我。也许在其他行业，没有什么能够像自我那么成功，但是在交易市场，再也没有什么能够像自我那么失败。

7.9.1 抗争的心理

我们从小所受的教育都是建立在抗争和竞争的基础上，如征服自然、战胜艰难、与困难搏斗。这种意识深深扎根于我们的内在，进入交易市场我们还是带着这样的心理意识。我们常常会看到一些各行各业的成功人士来到交易市场，但他们失败了，而且遭到了比一般人更彻底的失败。这是因为这些成功人士都有一个很强烈的自我，他们不相信自己会失败，也非常不愿意接受自己的失败。他们的成功使他们的个性坚硬，所以当市场对他们不利的时候，他们不懂得屈服和退让，而是采用抗争的态度，直到被摧毁。

柔软而有弹性的交易者更适合投机市场，坚硬的人很快就会被淘汰。当飓风来临，柔软的小草能够安然无恙，坚硬的大树却被连根拔起。

人性中有一个几乎是最顽固的倾向，那就是捍卫自己的观点和不情愿承认自己在判断上出现失误。因为那个观点是自己的观点，所以他捍卫的不是真理，而是自我。

人性为什么喜欢抗争？因为通过抗争、摩擦、否定，对别人说“不”，一个人的自我就会被增强，通过抗争他会觉得自己是强有力的。顺从、屈服，说“是”却很伤一个人的自我。

人性中这种抗争的天性、不愿意屈服、不愿意放弃自己的错误态度是交易的最大障碍。

7.9.2 追求完美的心理

追求完美是一种非常贪婪的心理，是一种极端的心理。因为追求完美，你就不允许有一点瑕疵，就不能承担哪怕小小的损失，该止损时难以执行。因为追求完美，试图抓住所有波动，不希望错过任何行情。每个人都有自己的局限性，都有自己不擅长的领域。追求完美的心理很容易导致重仓交易和频繁交易。

毕其功于一役。

把单次交易的结果看得过重，图谋在一次交易中暴富或者拒绝在系统发出止损信号的情况下止损离场，是极端错误的。

交易是长期过程，没有必要为一次交易的结果就死去活来。有时候接受一些小的损失是非常健康的，这样能够预防大的亏损。就像适当的感冒对一个人的整体健康有益无害一样。

7.9.3 数钱的心理

数钱的心理是一种患得患失的心理。我们一旦建立头寸，就时时惦记账面资金的起伏变化，并被这种变化左右了情绪，忽略真实的行情本身。这对我们正常的思维判断有非常大的干扰。

我们更应该注重过程的正确，那么结果会随之而来。如果提前考虑结果，就会扰乱整个交易过程，从而导致动作变形。人的头脑总是提前跳到远处想着虚幻的结果而忽略当下真实发生的事情，这是我们生命中最大的荒谬和颠倒。

（1）随意转换时间框架，必定吃亏。

本来是短线交易的单子被迫转换为中长线。还有把本来中线的单子做成短线处理。整个交易混乱、无序。做什么周期就看什么周期，没必要换来换去。

（2）热衷于预测市场，试图抓住头部或底部。

任何预测都是主观的，甚至许多著名的咨询机构的预测都是错误百出。一旦预测了行情或者相信某个市场评论的观点，就无法看到市场的真实面貌，因为会把自己的主观看法投射到市场，市场变成一块屏幕，不论市场怎样波动，都会有自己的解释，形成看多或看空的情结，这个情结就像乌云一样笼罩在交易者的脑海里，最后这个情结就变成了死结。用这种扭曲的观点看待市场长达数月甚至数年之久的话，整个交易将陷于瘫痪。

一旦预测了市场，就不愿意设置止损位，因为人们总相信任何不利的波动都是短暂的，市场最终会回到预测的方向上。许多交易者在试图抓住市场底部或顶部的时候损失惨重。

不要被盘面短暂的迹象所吸引，除非市场发出明确的入场信号。有时候盘面的短暂波动非常诱人，我们不顾一切冲进去，但没有认真考察这一小段波动在整个大趋势中的地位，这种交易常常让我们狼狈不堪。最糟糕的交易方式是重仓甚至满仓频繁地杀进去、杀出来，完全失去了自制力。

交易中有些问题无法在交易层面被解决，需要交易者把自己提升到远远超出市场的高度，这样原来的问题将不再是问题。

这方面无法依靠理论的学习、知识的积累而达成。因为理论知识是外在的，悟性、洞察力、敏感度、大局观这些微妙和无法量化的素质才是内在的。这些内在综合素质的提升需要借助艺术、音乐、哲学和宗教。

哲学的任务是认识自己，认识主观世界和客观世界的关系。哲学素质的培养有助于提高理性意识、大局观、整体感。一个交易者不仅要有能力观察市场盘面的动向，还要洞察自己在交易过程中的心理动态，因为交易是一个双向互动的过程。当主体和客体的动态都能够反映在你的意识中，这种察觉力才是真正的智慧。

艺术和音乐是超越理性的，而无意识和欲望低于理性。理智能够理解比它低的东西，却无法领悟艺术和音乐。只有提升我们的悟性，才能让我们有能力去领略艺术世界的无限风光。如果我们适当地接触艺术和音乐，将会提高我们的智慧、柔韧性、敏感度、协调性，尤其有助于提升我们的悟性，这对我们在交易市场上的运作非常有帮助。音乐是所有艺术中对心灵最有滋养作用的，因为音乐本身就是一种和谐，经常欣赏音乐有助于让我们内在更和谐。

我们的心已经在欲望中变得过于迟钝和坚硬，我们的本性中细腻、敏感和灵悟的那部分已经被埋没。我们几乎失去了所有的悟性和洞察力，因为我们过分依赖理性和头脑。但理性永远是局部的、片面的、间接的，它只能一步步推理。而悟性超越头脑，它是突然的、直接的。当我们的内在不再那么狂乱焦虑，当我们不再那么急功近利，我们的智力就会更加清晰，更加客观冷静，从而少犯错误。

内在的提升是长期渐进的过程。当我们提高立足点，就会以一个整体的视角、超然的心境看待事情。

正如歌德所说：“当我们提升了我们的立足点，我们就提升了一切。如果我们降低了立足点，那么就会补足我们所有的悲惨。”

第 8 章

进阶补充和再说明

前面详细讲解了我的投资思路和方法，这一章是对前面章节的一个小的补充，以及对一些走势的画法进行详细说明。期望学习到此章的朋友，能掌握好 K 均投资法的方法，并熟练运用到投资中，为自己带来收益。

8.1 高低点的画法再说明

我说的“高低点”，类似于很多人说的“支撑和阻力”，我不用“支撑”“阻力”这样的词，是为了避免“先入为主”。前高前低，总会被突破，本来就不存在什么支撑和阻力。

以前缠中说禅说的“走势必完美”，我认为真意就是：“价格有创新的冲动，价格要么新高，要么新低，必定二选一。不可能总是原地踏步，必完美就是必创新。”这是我的理解，相不相信，看自己的领悟。

高低点是通过道氏理论的上涨、下跌、盘整的定义来看的。

- 上涨：上升浪能连续不断地突破前期高点，随后回撤的低点能在前期的低点之上结束。下跌的定义反之。创新高或创新低说明趋势的控制力量依然存在。
- 盘整：既不创新高也不创新低，或者既创新高又创新低，或者既创新低又创新高。

价格的波动，走的是 *N* 字曲折线结构。价格的上涨，不是单纯的一直上涨，它会走几步，退一退，再走几步，再退一退，这就形成了 *N* 字曲折线结构。下跌同理。

做盘，看的就是这个 *N* 字结构。价格的波动会在盘面上留下轨迹，我们研究这个轨迹就行了。

做交易是为了赚差价，是要确定“买卖点”，即价格的“拐点”。买点、卖点之间都是持仓的过程，也是修心的过程，如果价格走得好，而你拿不住单子，那就是“心”还没准备好接受“超过你能力的财富”。

标准情况都很好做，最棘手的就是盘整，所以之前我说过“交易之难，盘整震荡，得之可得天下”。所有的“拐点”都是从“盘整”萌发出来的，我们只需要搞定盘整就行了。盘整体现在形态结构上，如图 8-1 和图 8-2 所示。

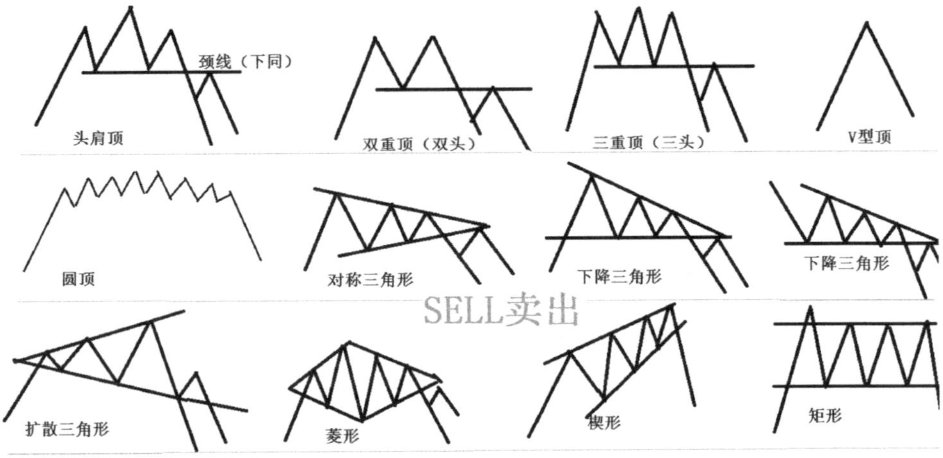

图 8-1

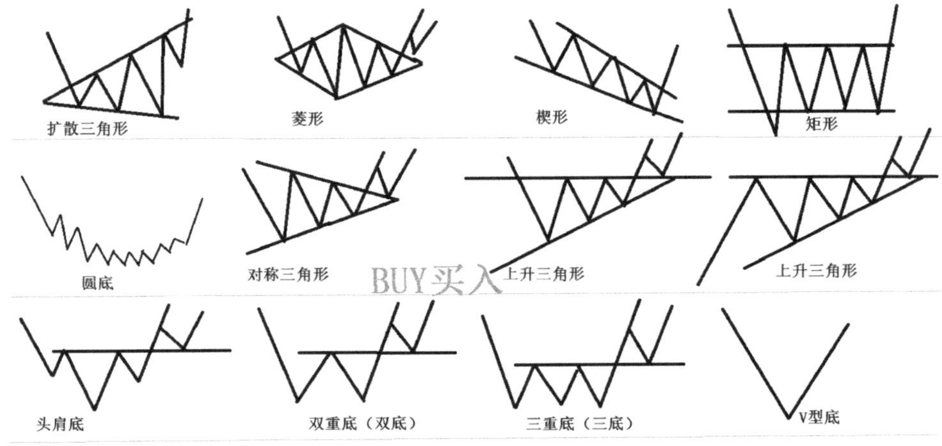

图 8-2

如果盘整完，延续了原来的方向，我们称之为“中继型盘整”。如果盘整完，改变了原来的方向，我们称之为“转折型盘整”。

中继型盘整不改变原方向，单子拿着不动即可，我们重点研究转折型盘整。图 8-1 和图 8-2 中大多为转折型盘整（有两个中继型盘整）。其实，可以想象一下，如果没突破颈线而延续原方向，就是中继型盘整。

波动千变万化，总结下来，所有的转折型盘整不外乎这 24 种，再复杂也是这 24 种的变形。下面以 SELL（卖出）的 12 种为例，介绍 10 种完全分类和 K 线形态结构的结合，如图 8-3～8-14 所示。

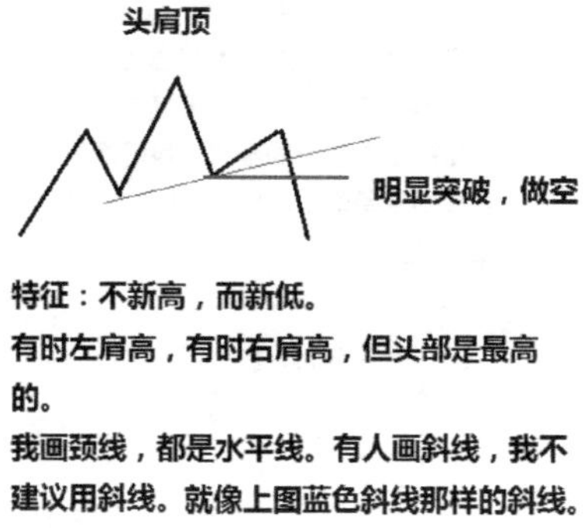

图 8-3

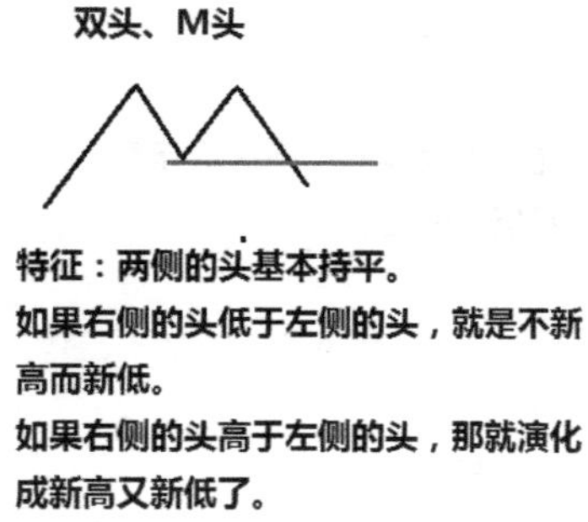

图 8-4

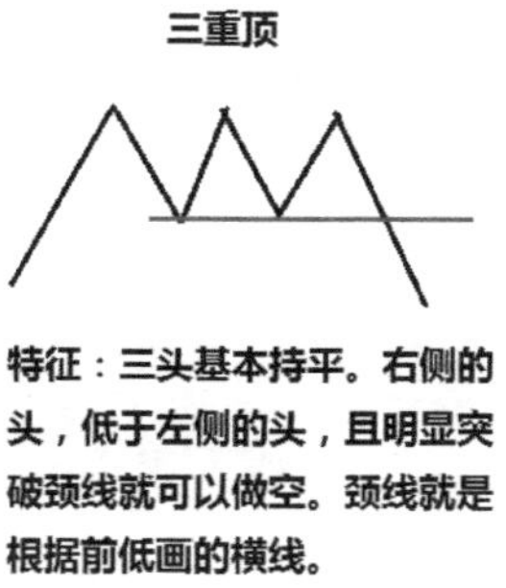

图 8-5

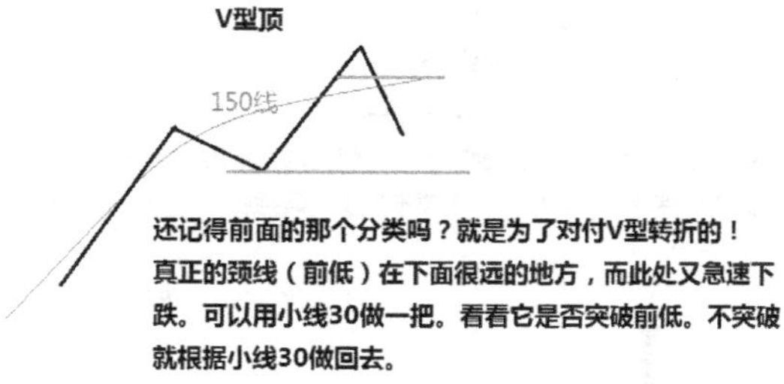

图 8-6

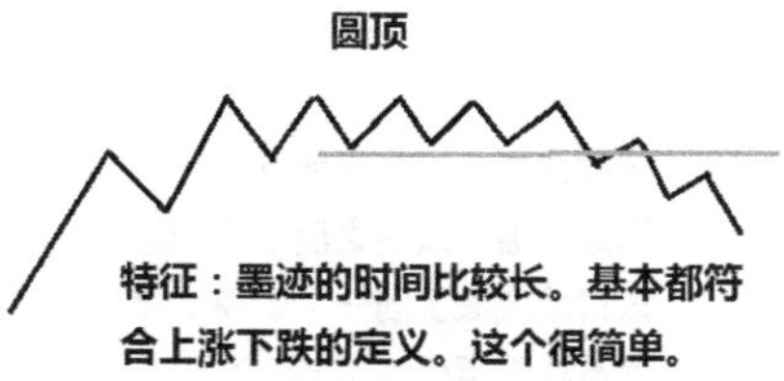

图 8-7

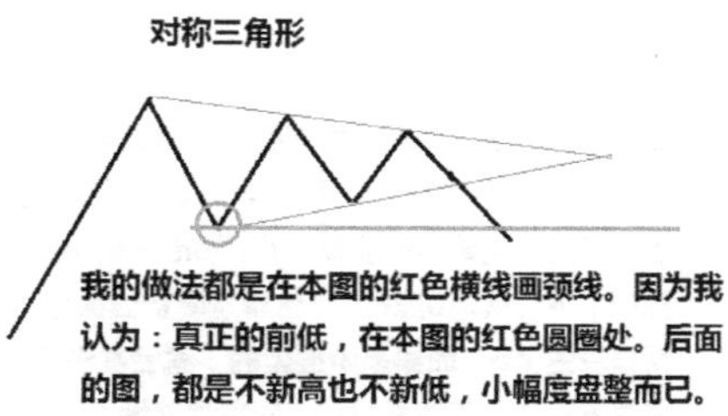

图 8-8

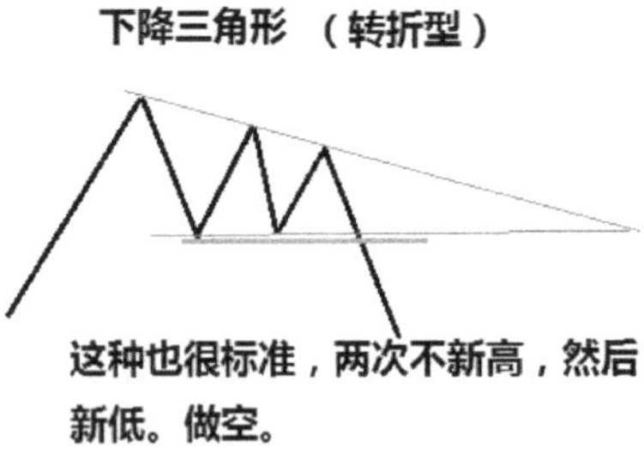

图 8-9

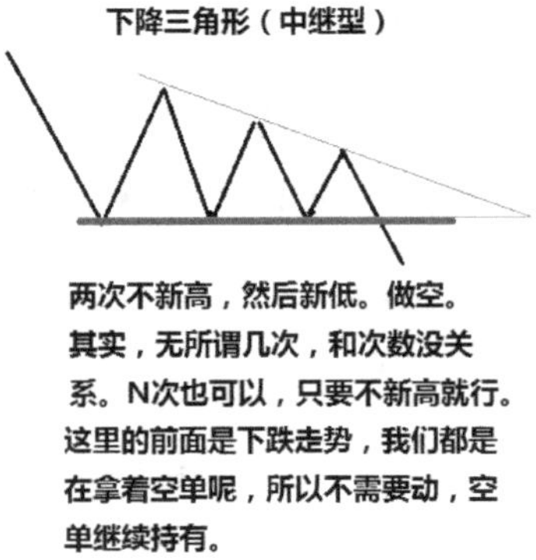

图 8-10

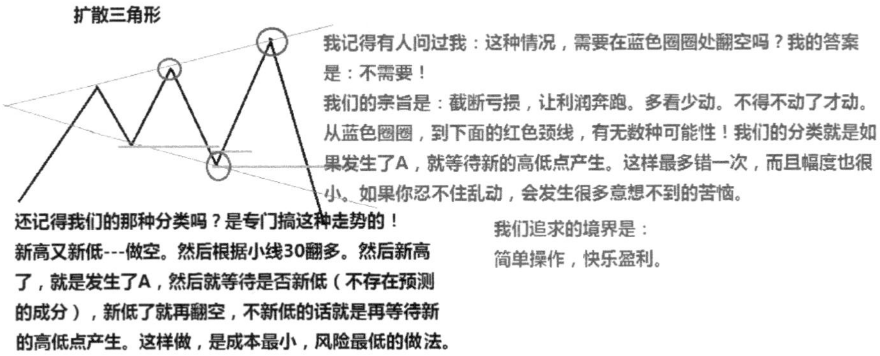

图 8-11

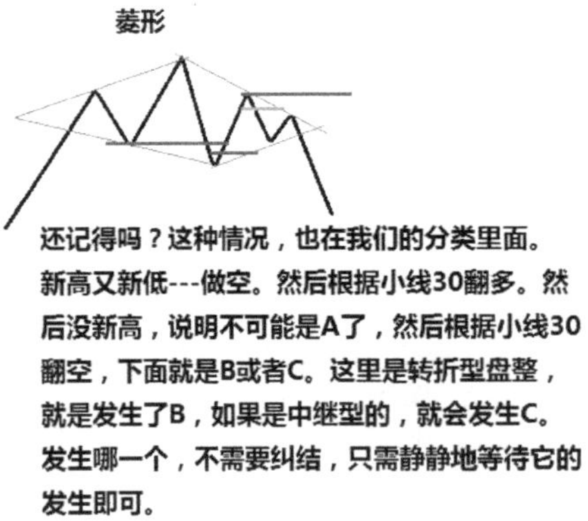

图 8-12

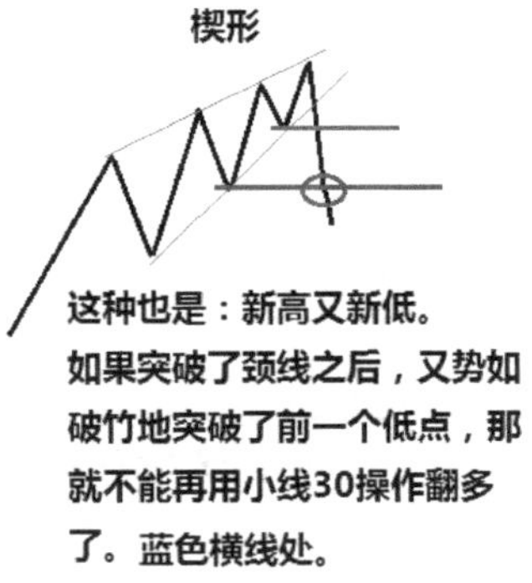

图 8-13

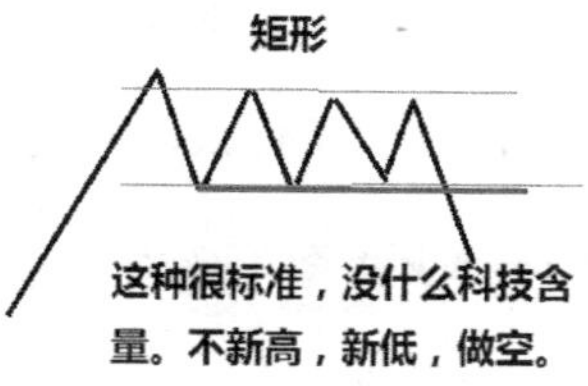

图 8-14

上面的这些图形，不需要死记硬背。所有的头部和底部都是转折型盘整，我们事先无法知道某一个盘整到底属于中继型还是转折型，所以，我们得按照前面说的那些分类，严格做下去。明显突破颈线了，就是转折型，否则就是中继型。什么叫做事实？发生了才是事实。我们依据事实做盘，未发生的都只是可能，再说破天也不能信。中继型还是转折型不需要提前知道。

画出了高低点，这些形态结构就一目了然了！高低点的画法并不难，但是很难用语言描述清楚，大体上有三个标准：一是明显的前高前低，根据上涨下跌盘整的定义；二是贴近操作线的前高前低；三是规模比较大的前高前低。

8.2　10 种完全分类的“推导过程”

交易之难，盘整震荡，得之可得天下。

10 种完全分类的作用，就是用来对付盘整的！

把所有可能性都归纳分类，价格的波动走向只有那么几种，等着即可。等待价格自由发展，看它选择了哪一个分类，发生之后，几种可能就变成了一种确定的事件，按既定方针应对即可，这就是交易的全部。

走势是动态的，人类只能用动态的评价标准（参照物）去观察走势。所以，我们需要的是一个参照物，必须是动态的参照物，因为走势是动态的，不能搞成刻舟求剑。均线是动态的，是随着价格波动划分走势级别的坚实依据。高低点也是动态的，我们不关心高低点之间发生了什么，只关心高低点的排列关系。

上涨完成之后，可能是下跌或者盘整，绝不可能是上涨，如果是上涨，那就和上涨完成相矛盾，说明上涨还未完成。

同理，盘整之后，一定是上涨或下跌。下跌之后，一定是上涨或盘整。

以上涨为例，如果回抽的一波破了前低，那么就开始了两种可能性。

一是，直接反转。

二是，进入盘整。盘整之后会怎样，等它走出来才知道，但这并不影响操作，你只需要定义盘整如何结束即可。一般一笔波动跳出了盘整区间，回撤不破这个区间，即可确认盘整结束，这是大概确定，没有人能保证 100%。换句话说，亏损允许发生在小概率事件里。

还是有办法提高这个成功率的。比如，走势是分级别的，多级别联立看等于同时解几个方程组，这个方程组的解被定义在一个狭小的范围内。级别不是周期，看盘不能乱换周期，越换越晕。关于周期、走势级别、操作级别等概念，前面介绍得很清楚了，这里不再赘述。

价格始终在趋势之中，也就是说本质上，价格要么上涨要么下跌，盘整只不过是暂时的休息，不必害怕盘整。对于交易者，要么做多要么做空，不存在做多的同时又做空。我知道有人在期货上锁仓，多空对持，这是傻瓜行为，纯属浪费手续费，到了位不反手的话就可以出来，不必锁仓。锁仓的情况下，一个赚一个赔，打平了，还搭上了手续费，真是冤。

上涨之后的盘整，其实可以当成上涨来看，因为盘整时横着走，价格的方向并没有变。同理，下跌之后的盘整也可以当成下跌来看。

再复习一遍，上涨、下跌、盘整的定义：

- 上涨：最近一个高点比前一高点高，且最近一个低点比前一低点高（新高不新低）。
- 下跌：最近一个高点比前一高点低，且最近一个低点比前一低点低（新低不新高）。
- 盘整：最近一个高点比前一高点高，且最近一个低点比前一低点低（新高又新低）；或者最近一个高点比前一高点低，且最近一个低点比前一低点高（不新高也不新低）。

好了，我们论证完上涨、下跌之后，盘整的情况就一目了然了。

1．上涨

我们看回撤是否新低，以此进行分类。

（1）不新低，又可以分成两类。

- 不新低，然后新高。（标准的上涨定义）
- 不新低，然后不新高。（标准的盘整定义）

不新低的情况可以不用管，因为我们根据 K 均交易法的规则，一直拿着多单。不新低前面发生了什么，更不用管。但是，如果是新低的情况，我们就必须明确新低之前发生了什么。

（2）新低，又可以分成两类。

- 新低之前是新高。（标准的盘整定义）
- 新低之前是不新高。（标准的下跌定义）

2．下跌

我们看回撤是否新高，以此进行分类。

（1）不新高，又可以分成两类。

- 不新高，然后新低。（标准的下跌定义）

- 不新高，然后不新低。（标准的盘整定义）

和上面同理，这种也不用管。我们重点看“新高”的情况。

（2）新高，又可以分成两类。

- 新高之前是新低。（标准的盘整定义）
- 新高之前是不新低。（标准的上涨定义）

综上，10 种完全分类里面的前两种“新高不新低+新低不新高”，就是标准的上涨下跌定义，直接持仓不动。

我们只需要考虑两种情况“新高又新低+不新高也不新低”，如图 8-15 和图 8-16 所示。

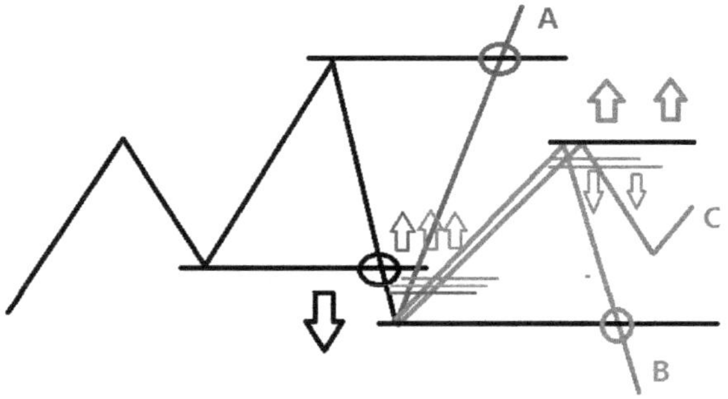

图 8-15

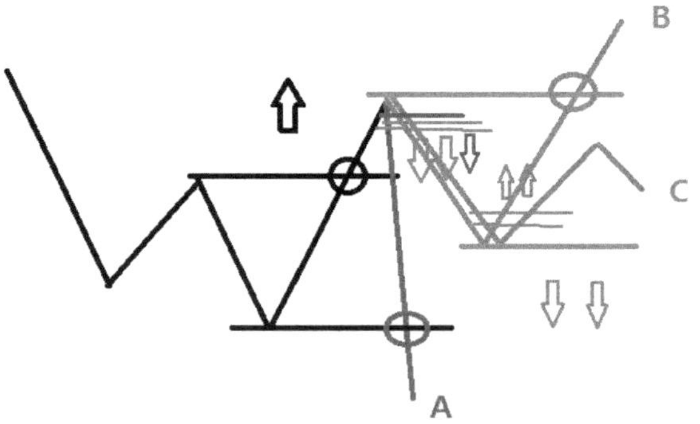

图 8-16

这两张图也就是两级别联立的精髓，盘整震荡，得之可得天下。

盘整即是“跟屁虫”，上涨之后的盘整可以看成是中性状态，即上涨行情的延续，最起码没有下跌，下跌同理。确定了高低点，不用管行情怎么走，看着盘面就行。人性就是反复纠结，必定会给一个高低点，即防守位。

第八种、第九种参考了“150 线的方向+当下距离前高前低的距离”。这个距离，多少算很远，需要自己在操作级别里去统计，统计几十年的数据就明白了，因为每个人的操作级别不一样，一小时、一分钟的距离远不远也没有可比性，没有统一答案，不能偷懒。

如果有这样一个画面：一个猎人正在磨一把锋利的刀，刀上沾满了血，猎人面带怒色，那么，这样的场景能带给我们什么样的信号呢？

① 他刚杀了人，正在清洗刀具。② 他可能不小心划伤了手指，磨刀和面色说明他正想执行一个杀人计划。③ 他可能在一场争斗中失败了，正在清洗刀但余怒未消。④ 可能刚才捕获的猎物伤到了猎人，猎人宰杀了猎物，但是仍不解气……

这个场景的盘口语言就是此人脸带怒色正在清洗刀具，仅此而已。

真相就是你看到的东西。对，这就是市场的真相，市场的价格永远是最诚实的，不会骗人。至于，其他一切选项均是人的聪明才智意淫出来的结果，它阻碍和蒙蔽了我们对于事物的客观认识。

“所知障”阻挡了大多数人看清事物的本源，原本简单的事物变得极其复杂，简单不过的交易也如同迷宫一般。很多“聪明人”硬是臆断出无穷无尽的想象空间，其实，真相就在眼前，却熟视无睹。

8.3 外加 4 种更精细的分类

这 4 种之前没说，是因为它不易掌握，也不常用，用好了更好，用不好就是乱用。

1. 参考了 150 线的方向+是否突破了前高前低（见图 8-17 和图 8-18）

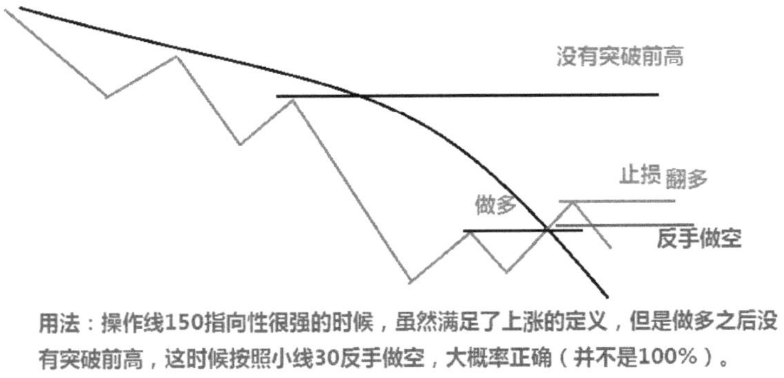

图 8-17

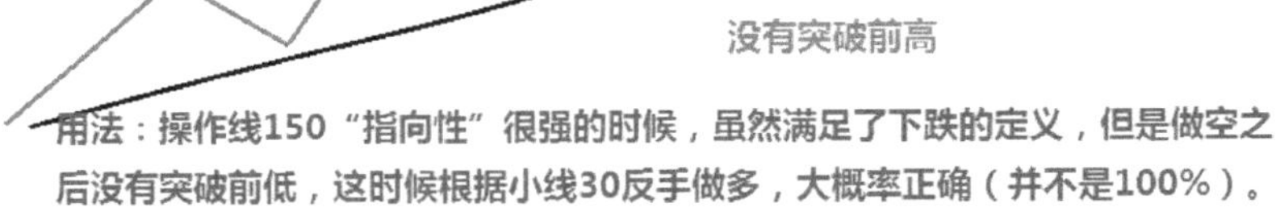

图 8-18

2. 参考了 750 线的方向（见图 8-19 和图 8-20）

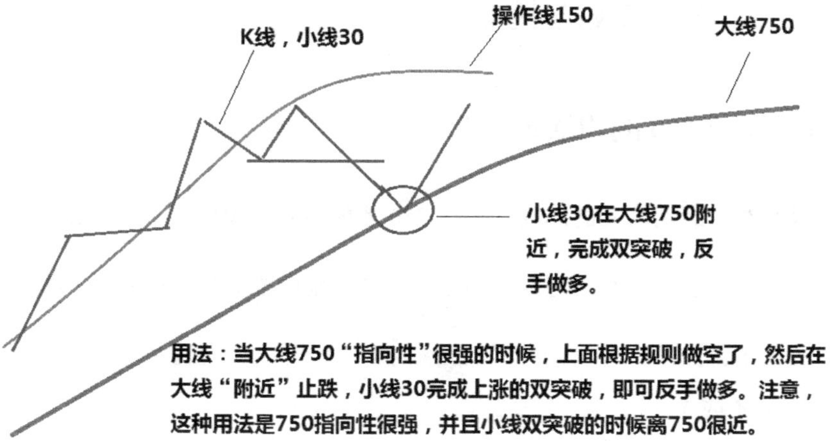

图 8-19

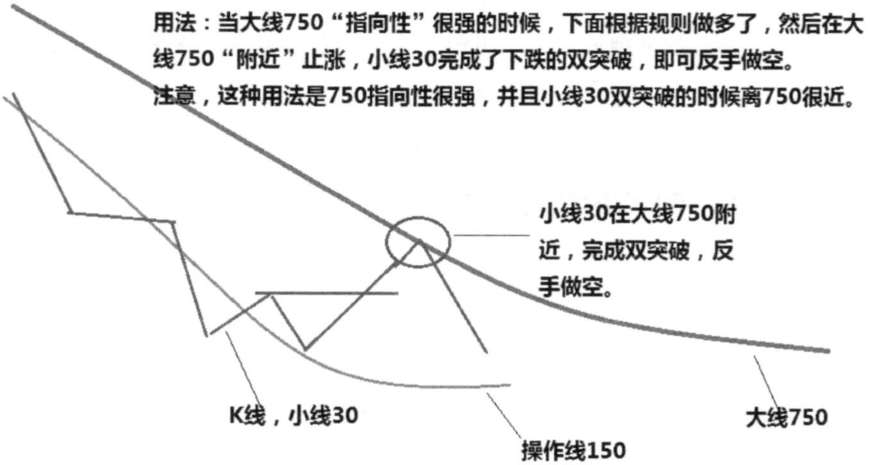

图 8-20

8.4 三条均线的再说明

8.4.1 大线 750 的用法再说明

只有在三级别联立的时候，大线 750 才能用到。单级别、两级别都用不到。

可能有人想了，有没有四级别联立？N 级别联立？答案是：没必要。

因为走势图是一个三元方程，上涨为 X、下跌为 Y、盘整为 Z。单级别的时候，只能处理 X 或 Y。

两级别联立的时候，就能处理任意两种集合，X 和 Y、X 和 Z、Y 和 Z。

三级别的时候，就能处理整体集合 X+Y+Z，或者单独处理某一个。三级别的时候，把所有情况都处理掉了。四级别联立、N 级别联立就多此一举了。这样说也不太严谨，但是“级别”本来就不好理解，多级别联立就更不好理解了。

8.4.2 操作线 150 的用法再说明

先把能用到操作线 150 的地方都梳理一遍。

（1）单级别操作的时候，只看操作线 150，用法是顺 150 线画同级别的高低点。不顺着均线画高低点的话，人的主观臆断就会冒出来，很容易把不同级别的高低点当成同级别，导致混乱操作。均线代表平均价格，价格才是资本博弈出来的客观信息。

（2）两级别联立、三级别联立的时候，用法和单级别一样，看 150 线级别代表的高低点，只不过又参考了其他级别的高低点。

（3）两级别联立的时候，有一个分类是“当下离前高前低很远且离操作线 150

也比较远，此时形成了明显的次级别（30 均线代表的级别）的双突破”，这里也用到了操作线 150 线。

（4）三级别联立的时候，有一个分类是“参考了 150 线的方向+是否突破了前高前低”，前面有图，介绍得很详细。这里也用到了操作线 150 线的方向和是否突破了 150 线级别代表的前高前低。

总结：150 线之所以叫作“操作线”，是因为它很重要。不管是单级别、两级别联立、三级别联立，都是以操作线 150 为基础，而大线 750、小线 30 都是用来给操作线 150 保驾护航的。

8.4.3 小线 30 的用法再说明

先把能用到小线 30 的地方都梳理一遍。

（1）单级别，肯定用不到。

（2）两级别联立的时候，对于“新高又新低”和“新低又新高”的情况，分别有三种分类，加起来共 6 种，需要用到小线 30。

（3）两级别联立的时候，有一个分类是“当下离前高前低很远且离操作线 150 也比较远，此时形成了明显的次级别（30 均线代表的级别）的双突破”，这里用到了操作线 150 线，具体落实在操作上，还得用小线 30。

（4）三级别联立的时候，有一个分类是“参考了 150 线的方向+是否突破了前高前低”，如果没有突破 150 线代表的前一个前高前低，就用到了小线 30 作为反手操作。

（5）三级别联立的时候，有一个分类是“参考了 750 线的方向”，用到了小线 30 作为反手操作。

总结：小线 30 就像一个小精灵，用它的时候都是能化腐朽为神奇的地方。切不可乱用，乱用还不如不用。小线 30 能让我们更及时地对价格波动做出反应。

8.5 大周期、小周期的选择问题

我为什么建议新手从 30 分钟周期起步？

还记得价格消融一切吗？价格消融一切需要时间，也就是说，一个 K 线柱子的时间长度即为一个消融周期，也即为我们所选择的“操作级别”。对于日 K 线来说，一个柱子能消融一整天的信息。对于一个一分钟的 K 线柱子来说，它只能消融一分钟的信息，以此类推。

所有市场参与者，都面对许许多多的新闻、消息、政策、价格的涨跌、自己的贪婪恐惧、期望、虚荣等，进而所有的参与者都会对价格的涨跌做出反应，所以价格的波动本质上是所有市场参与者应对各种信息的情绪波动。所以，价格消融一切，本质上是在消融所有人的情绪！

大家都知道，学生时代，一堂课 45 分钟，那么为什么是 45 分钟呢？因为据人类行为学家统计，人的注意力持续保持最多 30 分钟，再多就走神了。上课前几分钟用来稳定情绪，准备学习，最后几分钟就开始走神了，准备下课玩耍，只有中间 30 分钟有效。

我个人认为，用 30 分钟消化市场情绪形成的一个个 K 线柱子，比较适合新手。不太快，也不太慢。一个 K 线柱子，各方参与者博弈了 30 分钟才形成，对于新手来说，相对稳定一些。一分钟周期的 K 线柱子，需要更好的定力，新手一般缺乏这种定力。熟练了，才可以练练更小的周期。

我个人认为，大小周期的分界线为 30 分钟。

30 分钟为不大不小的周期，比 30 分钟大的就是大周期，如 1 小时、2 小时。超过 2 小时的，就叫作超大周期，不建议读者用超大周期。比 30 分钟小的周期为小周期，15 分钟、10 分钟、5 分钟、3 分钟、1 分钟、秒级。软件上是这样列出来的，其实 8 分钟也可以做，原理一样，只是没必要这么麻烦，用软件上的就可以。

我们做交易，辛辛苦苦的看盘，是为了盈利，这里我想强调一点：稳定盈利就是暴利！

敬告全体交易员：把周期调大一点，把均线设长一点，把形态看大一点，把颈线画宽一点，把头尾多舍一点，把影线包容一点，把品种减少一点，把仓位固定一点，把纪律严守一点，牢记这 9 点，给自己一个机会，价格时刻消化全人类的活动，价格也就继承了全人类的智慧，个人智慧永远敌不过全人类的智慧，你的锱铢必较换来的将是以牙还牙，你的宽宏大量换来的将是投桃报李，大局观、大结构，用平常心做平常事，结果将令你震惊！

8.6 突破和双突破的再说明

有一句名言说得好：钱是坐着等出来的，不是操作出来的。

耐心等待，前提是你得知道你在等什么。

大部分人都知道该等，但是不知道该等什么。显然，我们等待的肯定是买卖点，买卖点科学不科学取决于自己的方法，K 均交易法的买卖点是根据 K 线的波动规律统计出来的，既客观，也科学。

方法越合理、越客观，你越知道自己在等什么。否则，肯定坐立不安，该赚钱的单子也拿不住。亏损的单子为何有人能拿很久？因为他知道自己在等什么，很明确就是想解套，可能偶尔几次解套了，长期必定是越套越深。

我们等待的就是买卖点，买卖点就是“突破”。

我们做突破，都是明显的突破，那种一点点的影线突破需要再等等，等到明显突破才能动手。

“双突破”就是“均线突破+颈线突破”同时发生。新手一定要给自己一个束缚，照着双突破来做。等熟练了，能够游刃有余了，就能明白操作线附近的颈线突破，也能当成“双突破”，不用等待操作线突破。没熟练的情况下，不能这么做，切记！就算一辈子都按照“双突破”来做，也是很好的。交易就是一个概率游戏，你站到了概率优势的一方，就能永远当赢家。

仔细体会一下，真正赚钱的单子晚做一个 K 线柱子照样赚钱；真正赔钱的单子，早做一个 K 线柱子，还是赔钱。一切都是概率在起作用，而不是自己的主观能动性。

8.7 同一个走势的多种做法

先强调一下：这 14 种分类，不是每种都必须用，更不是说要像编花篮一样轮换着用出什么花样。

前 8 种是最常用的、最基本的，后面补充的 2 种和外加的 4 种是选用，看个人驾驭能力。

前 8 种是基础：

- 上涨多单持有的时候，有 4 种：不新高而新低（第一种），新高又新低（包含 3 种）。
- 下跌空单持有的时候，有 4 种：不新低而新高（第一种），新低又新高（包含 3 种）。

后 6 种是扩展：

- 2 种参考了操作线 150+离前高前低的距离。
- 2 种参考了操作线 150+是否突破了上一个前高前低。
- 2 种参考了大线 750 的方向。

“8 种基础+6 种扩展”造成了同一个走势，会出现多种做法。

8.8 资金管理的再说明

8.8.1 固定比例

固定比例的方法前面介绍过了，比如固定 50%的仓位，就始终保持这个仓位，不管赚了还是亏了，下次开仓依然是 50%。这样做的好处是，赚了能让可开仓手数放大，达到复利的效果，亏了能缩小可开仓手数，达到保护本金的效果。

8.8.2 固定手数

固定手数就是在一定时期内，固定自己开仓的数量。比如，规定自己 1 万元只开 1 手螺纹，那么有 10 万元，就只开 10 手，如果有 100 万元，就开 100 手。怎么调整这个手数呢？很简单。比如，10 万元开了 10 手螺纹，那么就一直做 10 手，直到账户显示总权益达到了 20 万元，可以调整手数，以后开 20 手。那下一次何时调整手数呢？直到总权益达到 40 万元。是的，是翻倍的时候才调整总手数。如果亏了，比如 10 万元开了 10 手螺纹，如果亏损到账户的资金使用率是 90%，就可以把手数减半，以后开 5 手。记录一下当前的总账户权益，等翻倍了，就可以把手数也翻一倍。这样做的好处：一是开仓手数的账好算，简单明了；二是赢了放大战果，输了保护自己。

8.8.3 固定资金

按固定资金量参与交易。比如，永远是 100 万元开仓，赚了拿出来，亏了补进去，永远保证资金不变。那怎么确定开仓手数呢？很简单。要么按比例，比如 50%的仓位，要么按手数，比如规定 1 万元开 1 手豆粕，或 4 万元开 1 手橡胶等。这个适合大资金量的人，比如千万级、亿级，好处是赚了钱可以拿出来，资金量已经比较大了，不必再增加。总之，根据自己的实际情况选择合适的资金管理方法，有人能做到随机开仓，只靠资金管理获胜，可见资金管理的重要性！

8.9 缠中说禅之我见

缠中说禅确实是一个奇人，不但股票做得好，也写得一手好诗词和文章，被读者称为缠师。怎奈，天妒英才！这里我主要说说他 108 课里面的两段话，我认为这两篇思想才是精华中的精华。下面引用其原话。

一是，第一课之前的一篇文章“G 股是 G 点，大牛不用套”，算是前言。

“能和本 ID 聊股市的，如果有，最多就处在精子或卵子状态，连受精卵都算不上。”

开篇第一句话，自负之情，溢于言表啊！

“对于极少数的人来说，市场就是一个提款机，想提就提，这怎么才能办到？就是要对市场充分地了解，真了解市场的人，就知道市场都是一样的，就像穿着各种衣服的人，扒光了都一样。真明白市场的，就无所谓牛熊，市场永远都是提款机。当然，如果市场只能是单边的，那么唯一的区别就是在熊市中，投入的资金以及摆动频率要小。”

“一个股票如果上涨 1 倍，低手最终落袋的最多就是 1 倍，而高手搞出 3、4

倍来是一个很简单的事情。其实，股票投资十分简单，最关键的就是成本，而时机其实就是成本。有波动就有风险，相应就有利润，对于一个高手来说，只要有足够的时间，一个下跌股票弄出来的利润一定比一个低手在一个上涨股票弄出来的大，当然这只是举例，真正的高手当然不会故意逆着趋势干。”

重点是这篇前言的最后一段，我个人认为，这一段是缠中说禅很隐晦、很含蓄、很隐隐约约地在表达他的根本思想。真是英雄所见略同啊！

“投资是一门艺术，而投资的艺术归根结底是资金管理的艺术，这就像歌唱的艺术，归根结底是呼吸的艺术一样。而市场的波动，归根结底是在前后两个高低点关系构成的一个完全分类中展开的，明白了这一点，市场就如同自己的掌纹一样举手可见了。以上这些，不但对于散户，对于庄家其实也是一样的，能明白这一点的，就可以在市场中游刃有余了。当然，这个境界还有向上一路，这就不是能对一般人说的，而且说了也白说，就不说了。”

看到了吗？这一段其实有两个关键点：资金管理+高低点的排列关系。所以，之前我一直说，交易就是做好资金管理的基础上，把握高低点处理单子的能力。

至于他说的还有向上一路的境界，其实就是多级别联立看高低点的排列关系。就相当于连绵不绝的群山峻岭“横看成岭侧成峰，远近高低各不同”。立体地看走势，就不是能对一般人说的了，确实是这样的，因为说了也白说，很多人都理解不了。

后面他又说了一个大一统的思想：走势终完美。这个我之前也解释过，其中的含义是：走势要么新高，要么新低，必然二选一。这是一种 100%的事情，只需要依据这一条就能赚钱。迷乱纷杂的走势中，有什么事情能是 100%确定的呢？这一条是必然确定的。别看这一条就像废话一样无聊，其实眼前的真理经常被很多人视而不见。这简直就是和“两个铁球同时着地”一样重要。

二是，第 30 课中的一段话。

“理论，只是把现实解剖，但真正的功力，都在当下，不光要用理论的眼睛看清楚现实，更要逐步让自己和走势合一。而行的初步功力是什么？归根结底就是“恰好”，这个“恰好”是动态的，无论多少人，每个人的行为当成一个向量，所有人的行为最终构成走势的向量，而所谓的“恰好”，就是这个总向量本身。而如何才能永远和这总向量一致？就要首先把自己变成一个零向量，有也只有当一个零向量加入到任何一个向量叠加系统里，才不会影响到最终的总向量的。把自己的贪婪与恐惧去掉，让市场的走势如同自己的呼吸一般，看走势如同看自己的呼吸，慢慢就可以下单如有神了，你的交易，就是顺着市场的总向量的方向增加其力度而已，这才是真正的顺势而为。只有这样，才算初步入门，才能逐步摆脱被走势所转的可悲境地，才能让自己和走势合一，和那永远变动的总向量一致而行。至于走势分析的学习，只不过是门外的热身而已。有人可能要追问，如果所有人都变成零向量，那又如何？交易市场存在的基础，就是人的贪婪与恐惧，如果所有参与交易市场的人都没有贪婪与恐惧，那市场就没了，资本主义就没了，货币就被消灭了，那时候，本ID的理论自然就不存在了。只有对这个以人的贪婪、恐惧为基础的市场进行“不相”之，才能长期有效地吸取这市场的血。”

这段话里面，关于“向量”的描述太恰当了。话说《西游记》里面，孙猴子护送唐僧去西天拜佛求经，孙猴子那是火眼金睛啊，唐僧肉眼凡胎，三打白骨精那段，孙猴子每次都能识破白骨精的把戏，而唐僧每次都中招，还因为一次错怪孙猴子，闹得师徒二人分道扬镳。火眼金睛看到的是“真相”，肉眼凡胎看到的是“心相”，火眼金睛的人有几个？肉眼凡胎的人遍地都是。在众口铄金的情况下，“真相”和“心相”，哪一个才是真相呢？

《道德经》第四十九章老子说“圣人常无心，以百姓心为心”，这简直绝妙！圣人常常是没有私心的，以百姓的心为自己的心。没有自己的心，就是“零向量”，百姓的心就是“总向量”，朝着总向量的方向走，就能得到百姓的拥戴，就能称王。

《道德经》第七章老子说“非以其无私邪，故能成其私”。大致可以这么理解：

并非圣人没有私心，只是因为圣人彻悟了大道，才能够成全他的私心。这难道不是由于他的无私，因而达到真正拥有吗？无私，故能成其私。

8.10 做交易和写毛笔字

我发现有人在纠结一个问题：因为种种原因，错过了某一单怎么办？错过了之后，如果市场在不久之后又给了进场的机会，那再好不过了，如果波动很久也没给进场机会也不必纠结。偶尔错上一笔很正常，偶尔错过一笔就更正常了，不必放在心上，我说的是“偶尔”，可不是经常，经常这样的话问题就大了。

有些“失误”是由于自己的不自信导致的，该坚决动手的时候反而犹豫了，该再等等的时候反而动手了，这都是因为自己在怀疑自己，怀疑市场，怀疑自己的方法和理念导致的失误。

这都很正常，交易就是“肯定—怀疑—肯定—怀疑—肯定……”这一系列过程，越往后走，这些反复的拉锯时间间隔会越长，前期隔三差五，直到自己成熟了，过程中发生的每一次反复都必须以肯定收尾，这种每一次肯定都能给你带来更加坚定的品质。这种品质才是最珍贵的！就像酿酒一样，一道一道工序，直到醇香扑鼻。

每一次怀疑都必须挺过去，都必须压倒性克服，否则就是“千里之堤毁于蚁穴”。信念的崩塌往往起源于理论和理念的动摇，动摇来自于怀疑，半信半疑都是毫无执行力的根源。挺过去之前，内心动摇会很大，挺过去之后你又会感觉行情的走势真是规律性的反复。

还有人在纠结之前说的“参考均线，而不拘泥于均线”，我举个例子：我会写一些毛笔字，不像名家写得那么好，但基本的路数是知道的。汉字拆开来，大概有几十种关节性的小零件，偏旁部首，常见的也就是 30 多种，开始写毛笔字就得把这 30 个零件写工整了，把起笔、运笔、收笔掌握了，基本就会写毛笔字了，要想写得好，那就看个人的品质修炼了。

写毛笔字和交易有一个地方很像：自信。首先得敢写，才有可能写得好，交易也是，得敢做，敢多敢空，在往上走着走着出现了拐点要敢于开单做空，在往下走着走着出现了拐点要敢于开单做多，这是最基本的。写毛笔字，不管有没有人看着你，都得淡定自若地写，不要觉得大师写得好，自己就不敢动笔了。写毛笔字和交易还有一个地方很想，那就是交易中的 14 种分类类似于写毛笔字中的 30 余种零件，剩下的就是在“形态”中寻找“结构”，把“结构”做好了，一切就自然而然了。

8.11 归根结底还是人品高低的较量

以前一个读者给我的留言：“老师好久没看到你在公众号上写文章了，自从看你这本书之后，很想把我的战况告诉你，资金曲线垂直向上走，真的很感谢你，只不过最近又发现一个博客，作者的一篇文章说了自己的交易系统，是多周期切换，看完之后自己实盘操作了一周多，K 均都不会做了，每天都在亏钱中，接着几天开始不操作了，静下心来想想亏钱的原因，为什么会出现这种情况。想到自己系统乱了，不会操作了，任由人性缺点自由发挥，把刚过完年之后一周从铁矿石上涨趋势中赚的钱亏回去了一半多。哎，不过老师多谢你，是你在期货市场给我指明光辉，多谢你。不过最近有很多机构都开始使用这套系统。已经完全把你这套系统学懂看懂了。老师真的很感谢你。”

我也感觉好久没发文了，承诺写的一些东西还没开始写，有好多读者等着急了开始问我，我也没给予回复。拿出来一个有代表性的留言，给大家参考一下。

交易的招式不难，稍微用点心就能看懂，归根结底还是较量“人品”高低。

俗话说“厚德载物”，实在是太确切了！“厚”字、“载”字，用得太神了！

我忽然想起孔子说人有 5 个层次：庸人、士人、君子、贤人、圣人。

- 庸人：那些被称作庸人的，内心深处没有任何严肃慎重的信念，做事马马虎虎，有头无尾，为人处事从不善始善终，满口胡言，不三不四。结交的朋友三教九流，唯独没有品学兼优的高人。不是扎扎实实地安身立命，老老实实地做事做人。见小利，忘大义，自己都不知道自己在干什么。迷恋于声色犬马，随波逐流，总是把持不住自己——有诸如此类表现的就是庸人。
- 士人：那些被称作士人的，有信念，有原则。虽不能精通大道和人道的根本，但向来都有自己的观点和主张；虽不能把各种善行做得十全十美，但必定有值得称道之处。因此，他不要求智慧有多少，但只要有一点，就务必要彻底明了；言语理论不求很多，但只要是他所主张的，就务必中肯简要；他所完成的事业不一定很多，但每做一件事都务必要明白为什么。他的思想既然非常明确，言语既然扼要得当，做事既然有根有据，犹如人的性命和形体一样和谐统一，那就是一个人格和思想非常完整、独立的知识分子，外在力量是很难改变他的。所以富贵了，也看不出对他有何增益；贫贱了，也不会对他有什么损失——这就是士人，亦即知识分子的主要特点。
- 君子：特征是说话一定诚实守信，心中对人不存忌恨。秉性仁义但从不向人炫耀，通情达理，明智豁达，但说话从不武断。行为一贯，守道不渝，自强不息。在别人看来，显得平平常常，坦坦然然，并无特别出众之处，然而真要赶上他，却很难做到。这才是真正的君子。对于什么是君子，荀子的看法是：君子可以做到被人尊重，但未必一定要让人尊重自己；可以做到被人相信，但未必一定要让人信任自己；可以做到被人重用，但未必一定要让人重用自己。所以君子以不修身为耻辱，不以被诬陷为耻辱；以不讲信义为耻辱，不以不被别人信任为耻辱；以无能为耻厚，不以不被任用为耻辱。不被荣誉所引诱，不因诽谤而怨恨，自然率性地做他自己的事，端方正直地约束自己，这就是君子。

- 贤人：主要特征是品德合于法度，行为合于规范，其言论足以被天下人奉为道德准则而不伤及自身，其道性足以教化百姓而不损伤事物的根本。能使人民富有，然而却看不到天下有积压的财物；好善乐施，普济天下，从而使民众没有什么疾病和贫困。这就是贤人。
- 圣人：所谓圣人，必须达到自身的品德与天地的自然法则融为一体，来无踪，去无影，变幻莫测，通达无阻。对宇宙万物的起源和终结已经彻底参透，与天下的一切生灵、世间万象融洽无间，自然相处，把大道拓展成自己的性情，光明如日月，变化运行，有如神明，芸芸众生永远不能明白他的品德有多么崇高伟大，即使见到一点，也不能真正了解其德行的涯际在哪里。达到这种境界的才是圣人。

做交易，摆脱“庸人”层级，达到“士人”境界就足够了，再好一点能修到“君子”一级更好，不用非要达到“圣贤”。现实中，最多的就是庸人，不自觉，不自知。

前面这个读者说，有机构看懂了我的系统，开始用了。其实不必担心，用就用吧。大家资金量不同，做的级别必然不同，没什么好担心的。谁也做不到吃尽所有对手盘的钱。

交易里能不能赚到钱，不取决于别人的方法好不好，只取决于自己的方法好不好。钱是赚不完的，人性不变，方法就不会失效，这就足够了。

当你的心干净了，你眼睛看到的走势图也就干净了。

8.12 再谈执行力，再谈交易员的成熟

成熟的交易员多具有优秀的执行力，然而多数人是毁在了自己的执行力上。

事实上，方法模糊、不知所措才导致行动力低下。人，不缺执行力，只缺执行什么？如何执行？执行了有什么好处？不执行有什么坏处？

知道了执行什么，知道了如何执行，知道了好处和坏处，那么做就是了，还有什么可探讨的！

人，容易见异思迁！

看到图 8-21 会认为：还是到位就动，不到位就不动好啊，稳稳地拿着，多么惬意，老老实实执行必定能咸鱼翻身！

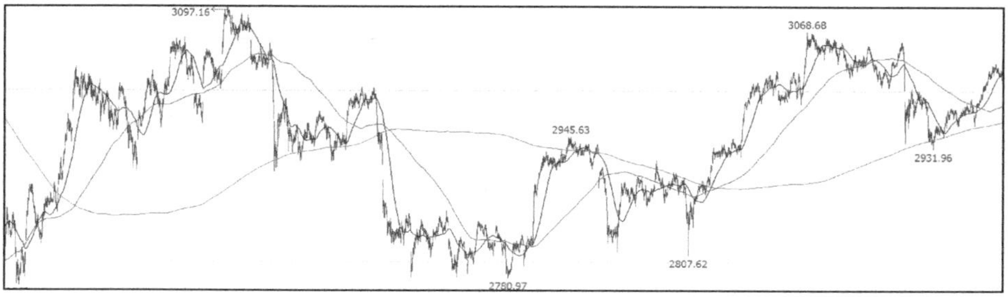

图 8-21

但是，遇到图 8-22，就会想：为何不先用小线收回来？这样就能保住些利润，参与回撤好傻啊。然后，下一步就开始琢磨处理回撤，执行各种高难度动作。

当遇到图 8-23，吃了 *N* 个耳光，发现还是参与回撤吧。其实，图 8-23 的全局是图 8-24。走了一大圈，发现自己多此一举，原来根源上是自己没搞清楚人生的底线问题：执行了有什么好处？不执行有什么坏处？

图 8-22

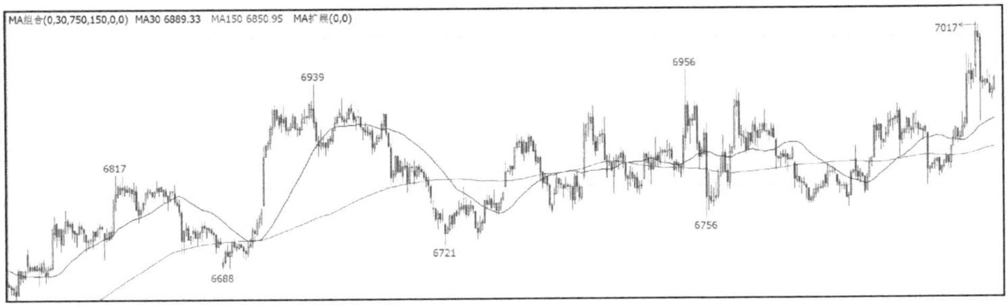

图 8-23

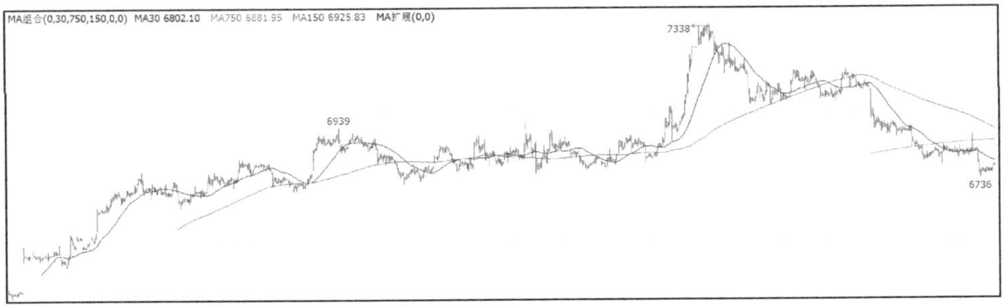

图 8-24

人经常被外界的物质欲望所刺激，觉得自己做的周期太慢，更气人的是一盘整就是两个月，要不试试小周期吧？找了一个品种（见图 8-25），1 分钟周期，仔细一看，觉得完全能驾驭，10 倍杠杆下去，这 5 天简直年化 *N* 倍不在话下。

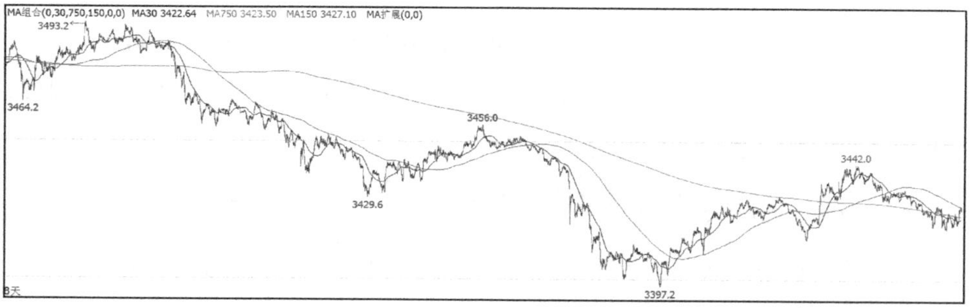

图 8-25

鸡血都打满了，哪能浪费？做着做着就会发现，图 8-26 才是一分钟“常态”。

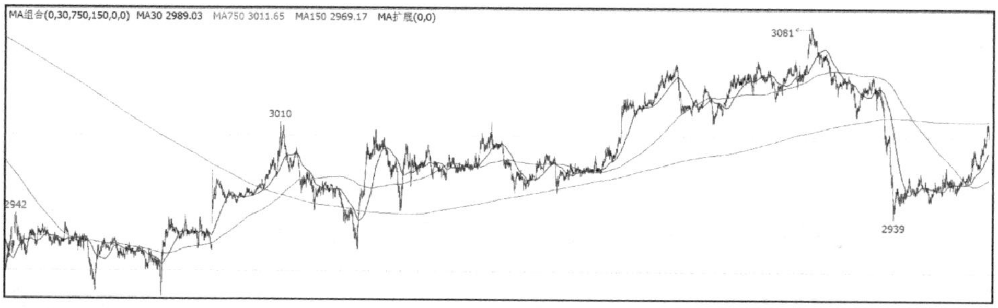

图 8-26

搞到自己吐血，打进去的鸡血都快吐干净了，看看账户，只够做一手豆粕了。还是不能见异思迁，一点好处都没有啊！

然后，做了一段时间，账户慢慢变大了，发现只要守住底线就行了，因为一定有人守不住。原来，交易比的是谁能守住底线。

8.13 走向光明大道还是走向阴沟陷阱

稳定盈利并不难，踏踏实实去执行信号即可，一定能赚到，已经有很多读者做到了（本书以前在百度阅读连载，这是读者反馈）。

执行其实很简单，动动手指即可。可是，我最近收到了几个反思邮件，大意是说前期老老实实执行，做得很好，也赚了不少，慢慢就不行了，怎么不行的呢？没继续执行系统。那做了什么呢？换品种，换周期，加资金或减资金，还有换了几次操作线等，五花八门的。其实稳定盈利并不难，难的是保持自己的初心。

自己的初心是什么？当然是赚钱。怎么赚？用概率优势去赚。什么是概率优势？有五点：周期、品种、进场原则、资金管理、执行力。所以，自己的初心就应该是这 5 点。

很多人走着走着就跑偏了，跑偏了的后果就是立竿见影的惩罚，资金大幅缩水，离成熟又远了。

不管你用什么方法，从你琢磨频繁换方法开始，你就已经输了！后来慢慢亏钱只是一种输的结果的兑现。

我写下面这段话的目的，就是想截断前面说的“结果兑现”。

关键要实时判断自己是走向了光明大道还是走向了阴沟陷阱？鉴别的方法就是：操作的时候是否执行既定的分类规则。如果是，那么就是走向光明大道，继续保持即可。如果不是，那么就是走向阴沟陷阱，需要立刻检讨，赶紧平仓出来，因为你已经输了。

有的人，执行力很好，悟性很好，一点就通，可是怎么也保持不了自己的初心。有的人，悟性差，点 N 次也点不透，简直就是木头疙瘩，可是一旦通了会一直不忘初心，这就是传说中的大器晚成之人，这样的人很少，更多的是前面那种，而且很多。

没有希望，就没有失望。

没有期待，就没有伤害。

一切的根源，在于心中的期待激发着你更快更多赚钱的念头随时爆发。超级跑车不是不能开，得系安全带，得买保险，得按交通规则开。

8.14 为什么我们成不了大师

方法千千万，但是不可否认，高低点是我交易方法的核心，高低点又是难以把握的东西，本节写点感慨，从艺术说高低点。

我认为，艺术之所以称为艺术，是因为它没有统一的标准，才美成传奇。有了统一的标准，就会像数学那样，对就是对，错就是错。

交易，恰恰是两者的结合。

从高低点的画法来看，它具有艺术特性，没有统一的标准，但是所有能赚钱的高手，画的高低点都大同小异。类似于所有的艺术家，看到其他艺术家的作品，也能看懂，并且会欣赏。

从行为的一致性来看，我们为了获得概率优势，就得规范自己的行为，就得遵守一定的标准。有了标准，才能遵守，才可以做到多次重复，才有概率。

达·芬奇的《蒙娜丽莎》很美，王羲之是书法大家，为什么？因为他们发挥了不统一的艺术特质，又遵守了某种标准。

一般人练习画画、写毛笔字都要按照老师教的那些招式练习，摆脱不了招式，而大师遵守的是自己心中的招式。要成为大师，就得忘记那些招式，抽象出艺术特质，遵守自己心中的标准。

现实的盘面上有些高低点很明显，基本都会画。有些地方，画起来很茫然，一看是，再看不是，再看就迷惑了。这都是正常现象，因为高低点是分级别的，级别的存在导致高低点的属性出现了迷惑性。高低点的画法，首先要形成自己的特质，之后一直遵守自己的标准，做下去，就成了。可以说，做盘的大部分精力都是在确定高低点上。书画、毛笔字，好不好取决于书写的人有没有自己的艺术特质。

高低点的画法没有100%的标准，但是有90%的客观标准，那10%的情况处理，就是重中之重了。

“优秀是一种习惯”这话说得对。我建议大家从点点滴滴开始，积累优秀的习惯，到位了就做，不到位就不做，这种毫不含糊的行为，时间长了就会产生一种坚毅的品质，做起盘来就游刃有余了，说不定大家就成了达•芬奇、王羲之那样的大师了。

8.15 什么才是真正玩得起

什么是玩得起？有人在纠结到底拿多少钱入市合适，有人有闲钱也不敢入市太多，有人在没钱的情况下借钱甚至贷款进场。

有人以为自己胆小，怕输，所以拿着宝贵的初始资金横冲直撞，美其名曰：锻炼自己的胆量。我个人认为，这种方式是没什么好结果的。一个人能承受什么样的代价和他的身价有关，或者说和年收入有关。

举个例子，如果一个上班族年收入10万元，我觉得他能承受的单次亏损不超过1万元，甚至是5000元之内。如果他上有老下有小，需要养家糊口，那么他能承受的单次亏损会更低。这个和胆量没什么关系，完全是看腰板硬不硬。如果一个人年收入100万元，同样养家糊口的情况下，我认为他能承受的单次最大亏损为几万元，比如5万元。假如波动一下按照10元计算，他们分别能承受的波动点数为500点和5000点。第一个人如果买1手的话，能抗住500点的波动，第二个人能抗住5000点的波动。但是，在赚钱心切的情况下，他们不会甘心就做1手。如果做5手，他们分别能承受的波动是100点和1000点，以此类推。所以，很多配资的人就死在这里了，把1手能承受的波动分配到N手，摊薄了，抵抗不住。

说这么多，是想告诉大家：要明白自己单次能承受的最大止损是多少，毕竟做交易是有成本的，大赚小赚之外的止损就是成本。只要不超出自己的承受范围，一般情况下人的行为就不会变形，执行力就有良好的保证，否则人性将会被扭曲，会走极端，甚至丧失执行力。只在自己承受范围之内做交易是关键中的关键，能做 5 手的时候一定不做 6 手，能做 1 小时周期的时候一定不做 1 分钟周期，量力而行，才叫真正玩得起！

本书所有文字都是我个人的经验和教训，只代表个人观点，不构成任何投资建议，希望读者朋友量力而行，玩得起才玩。

后 记

每个交易员都应该认识到自己的局限性，认识到“我执”的顽固性，认识到自我人性“贪嗔痴慢疑”无处不在，就会老老实实遵守纪律，坚守交易规则，进而达到“习惯成自然”,“无招胜有招”地做好每一单。

规则横天地，觉性常不移，但学会取舍非常难。本来可以盈利的一套系统，最后为了迎合某些阶段市场的走势而改来改去，不断怀疑，左右摇摆，芝麻西瓜都想要，这大概是很多技术交易者的通病。其实每个系统都有优缺点，是同一件事情的两种表现形式。

老老实实遵守规则，轻轻松松托规则之钵而随方化缘，心无增减，得失随缘。

交易是种残缺的美。说到底还是脑子的问题，而不是手的问题，值得深思。是人，都做不到百分百无所求，只是用这种顺应自然的方式，长期来看，才是有保障的。

对每一个交易者来说，不要总想着快速大量赚钱，而是要做好每一单的细节，坚持做正确的事就是成功，资金曲线是每一个交易者做正确事的直观表现，而且是最简单的回报。做自己该做的事，结果是自然而然的。真正随缘了才能顺利，真的放下了才能得到。

这本书的出现，挺偶然。我经常逛一些交易论坛，写一些博文，为了不惹麻烦，使用过几个网名。有一次也是唯一一次进过一个经济群（群主是一个热血派的经济学家，被他的爱国情怀文章所吸引，进去瞧瞧），后来被群主踢了出来，因为我在里面说的内容不符合他们天天讨论的宏观经济、微观经济和技术分析等，但是有一批人认可我的观点，加我好友，我也抽空给他们讲了讲我的理念。后来在某期货圈也遇到了这种情形，很多人给我发私信。后来，我索性就系统地写一写，以书的形式发表在了百度阅读网站上，供有缘人参考。其实我完全可以写到博客上或者论坛里，但是我觉得以书的形式会比较正式，读者也会重视，阅读的效果会好一些，毕竟读者花了钱买的书不能浪费，这也是人之常情。再后来百度阅读网站监测到本书阅读量飙升，遂联系我出版成纸质书，出版社的刘编辑也催着我修改书稿，只怪我平时比较忙，除了看盘还得照顾几个实体生意，也得陪陪家人，健身跑步，所以一拖再拖，耽搁了好几个月才修改完第一稿，心里很是过意不去。以前承诺读者更新的“K 均交易法 2”的更新也不太及时，很是惭愧，承诺大家缠中说禅的内容，要看以后的时间安排了。承诺大家的道氏理论图解已经按时完成了，倍感欣慰，力所能及的就只能先做到这里了。虽然我仔细检查过几遍，但是书中不免有描述不清或不足的地方，还请读者批评指正，多多包涵。

祝所有读者都能稳定盈利，有所成就，家庭幸福。

最后贴一个读者给我微信公众号的留言和我给予的回答。

问：是不是熟练到一定程度，脱离均线反而能更准确地判断出行情的级别，以及更准确地画出高低点呢？

答：参考均线，而不拘泥于均线，才能成熟。反过来，一直拘泥于均线的话，何来成熟？！

《小乌龟投资智慧：如何在投资中以弱胜强》
ISBN 978-7-121-30651-8
定价：59.80元

《赋能：互联网+ 跨界运营与融合实践》
ISBN 978-7-121-30526-9
定价：59.80元

《股权运营方案：迅速成长为独角兽》
ISBN 978-7-121-31194-9
定价：49.80元

《短线分时图T+0交易实战技法：
每天都抓涨停板》
ISBN 978-7-121-30523-8
定价：49.80元